とにかくかっこいい

ガンプラの作り方

HOW TO MAKE GUNPLA

大泉書店

とにかくかっこいい ガンプラの作り方
HOW TO MAKE GUNPLA
CONTENTS

LESSON 1 かっこいい！ 超簡単フィニッシュ
使用キット：HGUC 1/144 MS-09 ドム

- プロローグ » 超簡単仕上げ！ ———— 6
- 1-1 » 部分塗装 ———— 8
- 1-2 » つや消しトップコート ———— 9
- 1-3 » チッピング ———— 10
- 1-4 » ウェザリング ———— 12
- 1-5 » 仕上げ ———— 14
- 完成グラビア ———— 15

LESSON 2 簡単塗装でかっこよく仕上げる！
使用キット：HGBD 1/144 ガンダムダブルオーダイバー

- プロローグ » エアブラシシステムで塗装する ———— 26
- 2-1 » エアブラシシステムでの塗装 ———— 28
- 2-2 » 下地塗装 ———— 31
- 2-3 » マスキング ———— 32
- 完成グラビア ———— 33

LESSON 3 仕上がりがグンとよくなるテクニック
使用キット：HGUC 1/144 RGM-79 ジム

- プロローグ » 合わせ目を消そう ———— 42
- 3-1 » あとハメ加工 ———— 44
- 3-2 » 合わせ目消し ———— 46
- 3-3 » 合わせ目が残ったら… ———— 49
- 3-4 » スミ入れ ———— 50
- 3-5 » デカール貼り ———— 51
- 完成グラビア ———— 52

LESSON 4 最高にかっこいいガンダムMk-IIを作る！

使用キット：MG 1/100 RX-178 ガンダム Mk-II Ver.2.0 (ティターンズ仕様)

- プロローグ » 改造をしてみよう ─── 60
- 4-1 » プロポーション変更 ─── 62
- 4-2 » 頭部加工 ─── 66
- 4-3 » スジ彫り ─── 68
- 完成グラビア ─── 73

使用キット：MG 1/100 RX-178 ガンダム Mk-II Ver.2.0 (エゥーゴ仕様)

- プロローグ » エッジ（フチ・端）を丸くしてみよう ─── 78
- 4-4 » 紙ヤスリでエッジを落とす ─── 80
- 完成グラビア ─── 82

LESSON 5 パッケージイラストを再現する！

使用キット：MG 1/100 AMS-119 ギラ・ドーガ

- プロローグ » ギラ・ドーガで箱絵を再現する ─── 90
- 5-1 » 箱絵のように塗装する ─── 92
- 完成グラビア ─── 96

- 部長式 ガンプラ製作 ツールカタログ ─── 102
- 部長式 ガンプラ製作用語集 ─── 106
- あとがき ─── 109
- 吉本プラモデル部紹介 ─── 110

パンクブーブー佐藤哲夫 × BANDAI SPIRITS 川口名人 スペシャル対談

- スペシャル対談 ❶ 「ガンプラとの出会い」 ─── 20
- スペシャル対談 ❷ 「川口名人の模型作りのきっかけ」 ─── 38
- スペシャル対談 ❸ 「パンクブーブー佐藤にとってのGBWCとは？」 ─── 56
- スペシャル対談 ❹ 「ガンプラはすごい‼」 ─── 86
- スペシャル対談 ❺ 「作例「ガンダムMk-II」の評価」 ─── 100

本書の注意点

- わからない言葉などは、P106「部長式 ガンプラ製作用語集」を参照してください。
- ニッパーなど刃物系を使用する時は、ケガをしないように十分気をつけてください。
- 塗料、エアブラシを使用する時は、必ず窓を開けて換気してください。また、取り扱いには十分気をつけてください。
- 本書の記述は、2018年11月現在のものです。

HOW TO MAKE GUNPLA
LESSON 1

かっこいい！
超簡単フィニッシュ

使用キット
HGUC 1/144 MS-09 ドム

PROLOGUE

超簡単仕上げ！

ガンプラは素組みでも十分かっこいい！ だけど、ちょっとひと手間加えるだけで、さらにかっこよく仕上げることができるぞ。チャレンジしてみよう！

使用アイテム / USED ITEMS

- ニッパー
- デザインナイフ
- ヤスリ
- ガンダムマーカー
  （ガンダムイエロー／ガンダムメタレッド）
- トップコート（つや消し）
- スポンジ
- 水性ホビーカラー 76 焼鉄色
- リアルタッチマーカー
  （リアルタッチブラウン 1）
- ウェザリングマスター D セット

作業工程 / WORKING PROCESS

1. 組み立て
   （作業 2〜3 時間）
2. 部分塗装
   （塗装 1 時間／乾燥 3〜4 時間）
3. トップコート塗装
   （塗装 1 時間／乾燥 1〜2 日）
4. チッピング
   （作業 1〜2 時間）
5. ウェザリング
   （作業 2〜3 時間）
6. 仕上げ
   （作業 1 時間）

BEFORE

PACKAGE

HGUC 1/144 MS-09 ドム

HG の 1/144 スケールながら、重 MS であるドムの重量感を見事に再現している良キット。パーツ数も少なく、ストレスなくすぐに組み立てられるので、初心者にもおすすめ。

AFTER

MS-09 DOM

部分塗装

LESSON 1-1

ガンプラはプラスチックに色がついているので、無塗装でもかっこよく仕上がる。でもごく一部、塗装しないといけない場所も存在しちゃう。そんな時は、ガンダムマーカーでサッと塗ってしまおう。

● ガンダムマーカーによる部分塗装

1 ガンダムマーカーペン先

手軽に塗装できるが、マーカーのペン先は細かな場所の塗装には少し難しい形状だ。

2 塗料を皿に出す

マーカーを塗料皿に押しつけ、上下に動かせば塗料が出てくる。これを通常の塗料として使用する。

3 筆で塗装する

マーカーから出した塗料を面相筆で塗装すれば、細かなところもきれいに仕上げられる。

> パーツはランナーから外さずに塗るのがコツ！

ガンダムマーカーで裏から塗装

クリアパーツは普通に塗装せず、ランナーの裏から塗装するといい。今回はガンダムマーカーのガンダムメタレッドを使用したが、蛍光ピンクでもいいだろう。

部長ポイント

はみ出しを綿ぼうでふく

塗料がはみ出してしまった時は、慌てず乾く前に綿ぼうでふきとろう。いや、あわててもかまわない。それが人間だから。

LESSON 1-2

つや消しトップコート

クレオスの缶スプレー「トップコート」のつや消しを全体に吹くことにより、プラスチック感が消えてマットな仕上がりになるぞ。これだけでも一気にかっこよくなるから、ぜひ試してみてくれ！

LESSON 1 かっこいい！超簡単フィニッシュ

◆ トップコートをパーツに吹く

1 クリアパーツの切り離し
つや消し塗料はクリアパーツの大敵。吹く前に、ランナーから必ず切り離しておくこと。

2 クリアパーツは外す
すでにキットを組んでいる場合には、クリアパーツ部分だけを取り外しておこう。

3 素組みから腕や足を外す
組んである状態だと塗装しにくい場所があるので、ある程度バラしておく。

ランナーにトップコートを吹きつける
組んでからトップコートを吹くのもいいが、組む前のランナーの状態でトップコートを全体に吹いてしまうのもおすすめ。

ADVICE
トップコートを雨の日に吹くと、白っぽくなってしまうことがある。狙ってできることではないので、逆にラッキーと思え！

LESSON 1-3

チッピング

塗装が擦れたりしてハゲた状態を再現するテクニックがチッピングだ。戦車なんかによく見られる技法だけど、ガンプラにほどこしても超かっこよくなるぞ！そんなチッピングの簡単なやり方を紹介するから、ぜひ試してみてほしい。

◈ スポンジを使ってチッピングする

筆とスポンジ
チッピングを行う時に筆を使うが、これは慣れないとなかなか難しい。だが筆の代わりにスポンジを使うと、意外と簡単にチッピングができる。

部長ポイント

テクニック伝授

防水スポンジを使ったテクニック、実は関西のモデラー・らいだ〜 Joe さんに伝授してもらったもの。こうしたいいテクニックはどんどんマネして、どんどん試してみよう！

※ 100円均一ショップなどで売っている、すき間テープの防水タイプ

1
水性ホビーカラー 76 焼鉄色
今回は焼鉄色を使用。濃いグレーなどを使用してもいい感じに仕上がる。

2
塗料ビンを振る
塗料は沈殿しているので、使用前にはよく振ること。激しく振りすぎて、手を机などにぶつけないよう注意。

3
塗料のフタ
チッピングに使用する塗料は、溶剤で希釈などしなくても大丈夫なので、フタについた塗料を使う。

4 スポンジを小さくカット
使いやすい大きさにスポンジをカットする。大きいと扱いにくいぞ。

5 塗料ブタ裏の塗料をつける
フタについた塗料をスポンジに少しだけつける。つけすぎないように注意。

6 塗料をティッシュで落とす
このままでは塗料がスポンジにつきすぎているので、ティッシュで塗料を少し落とす。

7 パーツにスポンジをポンポンする
塗料をつけたスポンジを、ハンコを押す感じでポンポンとパーツに押していこう。塗るというよりはポンッとつける感じ。

8 チッピングする場所
チッピングをほどこす場所は、塗装が剥がれやすそうなフチや角、出っ張りなどを中心に行う。構造や可動などを考えて、チッピングする場所を決めよう。

9 デキを遠目で確認
時々、全体的なバランスを遠目に見て確認しておこう。チッピングはどうしてもピンポイントになりがちだが、それよりも全体的なトータルバランスが大事になる。

ADVICE
失敗を失敗に見せない方法は「顔」だ。失敗しても、最初からこうするつもりだった「顔」をするんだ!

LESSON 1 かっこいい！超簡単フィニッシュ

LESSON 1-4 ウェザリング

雨風や土埃などで汚れた感じに表現することをウェザリングというんだ。やはりモビルスーツは汚れた感じにするとかっこいい。特にドムなどの地上兵器はウェザリングのしがいがあるモビルスーツだ。

◆ リアルタッチマーカーを使ったウェザリング

1

リアルタッチマーカー

リアルタッチマーカーを使えば、簡単にウェザリングをほどこすことができる。今回はブラウンを使用したが、たくさん色があるので場所によって使い分けるといいだろう。

2

パーツにリアルタッチマーカーで描き込む

まずは、汚したい場所に汚れの流れを考えながら、チョンッチョンッと少しずつリアルタッチマーカーで描き込んでいく。一気に行うと乾いてしまうので注意。

3

綿ぼうやスポンジでふき取る

マーカー塗料が乾かないうちに、綿ぼうやスポンジなどを使って、ふき取るように擦っていく。この時、擦りすぎないよう少し塗料を残すのがポイント。

部長ポイント

ウェザリングマスターのスポンジ

タミヤのウェザリングマスターに付属するスポンジは、小さくて先も細く、使いやすい！あと、さわっていて気持ちいい！

4

溝やモールドにもウェザリングする
奥まったところや溝、モールドなどにもウェザリングを行ってしまおう。同時にスミ入れ効果も期待できる、一石二鳥のやり方だ。

部長ポイント
いっぺんに描き込まないこと

面倒だからといって、リアルタッチマーカーをいっぺんに描き込むと、乾いて落ちなくなるぞ！ オレはしょっちゅうそうなるぞ！

5

垂れるウェザリング
まずはマーカーで、汚れがどこからどのように流れていくかを考えながら汚れを描き込んでいく。

6

スポンジでかすれさせる
スポンジを流れにそって動かし、徐々にかすれて薄まっていく感じにしていくと、リアル感が増す。

7

重力を意識して下へ
とにかく注意することは、常に重力を意識して「下へ下へ」と一定方向にスポンジを動かすこと。

8

チッピングを追加
ウェザリングの様子を見ながらチッピングも追加する。ハゲたところからサビや汚れが垂れる感じにほどこすと、リアルに仕上がる。

9

遠目で確認
何事もバランスが大事。時々、遠目で全体のバランスを確認しながら、ウェザリングしていこう。ピンポイントの作業だが、でき上がりの全体像をイメージする。

LESSON 1-5 仕上げ

最後に仕上げとしてタミヤのウェザリングマスターで全体的に渋く仕上げよう！ ウェザリングマスターは、リアルタッチマーカーとは違ったウェザリングを手軽に再現できるぞ。

◆ ウェザリングマスターを使って仕上げる

1 ウェザリングマスターDセット
タミヤのウェザリングマスターは化粧品のチークのような感じで、手軽にウェザリングができる優れもの。今回はDセットのオイルを使用した。

2 ハケ部分を使ってパーツに塗る
ウェザリングマスターについているハケ部分の方を使い、全体的にオイルをのせていく。一気に進めずに、様子を見ながら少しずつやっていこう。

哲夫ポイント

他のウェザリングマスター
ウェザリングマスターにはたくさん種類があるぞ！ ススとかサビとか、あと何に使うのかよくわからんのとか、いろいろあるぞ！

3 完成なのだっ！
これで完成！ ちょっとしたことでここまでかっこよく仕上げることができる。難しいテクニックはまったくいらないので、ぜひ挑戦してみてほしい。

COMPLETION

FACE

> HGUC 1/144 MS-09 ドム

素組みするだけでもすばらしい完成度であるHGドム。その良キットにちょっとしたツールとテクニックを使うだけで、ここまで完成度を高めることができる。ガンプラ初心者がさらに一歩踏み出すためのお手本にしてほしい。

BODY

重モビルスーツであるドムは、ボディもかなり厚みがあり、重量感がある。そのボディにほどこされた、汚れが垂れたウェザリングなどが、どっしり感をさらに演出している。

REAR

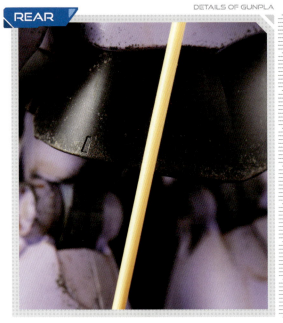

背中に取りつけられたヒートサーベルの黄色が目立つ背面。無塗装でもこのでき栄えなのは、ガンプラならではだろう。

ARM

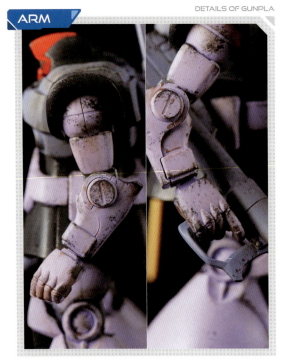

ドムはボディだけでなく、腕も重量感のあるどっしりしたデザインとなっている。腕はよく動かす場所であるため、チッピングなどのハゲやキズを中心にウェザリングした。

FOOT

ドムはホバリングして走行できるため、バーニアを仕込んだスカートのある特徴的な足まわりをしている。ウェザリングはそうしたホバリング走行も意識した。

わずかなお金と時間をかけるだけで、素組みから数歩も先に進んだ作品に仕上がる。簡単にほどこされているように見えるウェザリングも、重モビルスーツであるドムの重量感をリアルに感じられるモノへとレベルアップさせた。「自分でもできるのではないか?」と、試してみたくならないか?

POSEING 2

ドム本体だけでなく、武装であるジャイアントバズーカも重量感がある。そのバズーカも意識してポージングすれば、よりかっこよくなる。

パンクブーブー 佐藤哲夫 × BANDAI SPIRITS 川口名人
TETSUO SATO × KATSUMI KAWAGUCHI

スペシャル対談

パンクブーブー佐藤哲夫とBANDAI SPIRITS 川口名人の夢の対談！
二人の模型との出会いからGBWC、作品の評価、
ガンプラあるある話、製作ウラ話など、ここでしか読めないネタが満載。

川口名人こと
川口克己 (かわぐち かつみ)

1961年、福岡生まれ。1985年、(株)バンダイ入社。現在はBANDAI SPIRITS社員。"川口名人"と呼ばれるほどガンプラ界では有名で、神様のような存在。ガンプラブームの初期から関わっており、現在もユーザーとメーカーを結ぶ橋渡し役として活躍中。

パンクブーブー佐藤哲夫 × BANDAI SPIRITS 川口名人 ▶ スペシャル対談

「ガンプラとの出会い」

編集　まずは佐藤さんとガンプラとの出会いをお聞かせください。
佐藤　ガンプラとの出会いですよねぇ…ちょっと待ってください！　まだちょっと緊張しています。
編集　緊張ですか？
佐藤　川口名人とはお仕事やプライベートでも何回かお会いはしているんですが、いまだに名人の前だとちょっと緊張するんですよ。
川口　ええ!?　そうですか？
佐藤　ぼくらにとっては本当に神様なので…。ぼくが名人のことを説明する時は、ガンプラ界で神様よりちょっと偉い人という表現をさせてもらっています。
川口　ありがとうございます（笑）
佐藤　まさにガンプラブームを作った方ですから。ぼくが今やろうとしていることって、ちびっ子たちに広めていきたい、作る喜びとかを知ってもらいたいという思いでやっているんですが、それをまさに体現されているお方なので。その目標でもあり憧れでもある名人と対談させていただくというのは、本当に光栄であります。ありがとうございます
川口　ありがとうございます。

衝撃！（笑劇？）ガンプラとの出会い

佐藤　で、ガンプラとの出会いですよね…。ぼくは

たぶん4歳か5歳ぐらいの時なんですけど、最初プラモデル自体を作ったことがなくって。で、ガンダムのこともそんなによくわかっていなかったんですよ。そんなだったんですけど、ある日おもちゃ売り場に行ったら、ガンプラのコーナーにもうすごいちびっ子たちの人だかりができていて、行ってみたらかっこいいロボットがいっぱいあって。その中から300円くらいの、今にして思えばガンキャノンなんですけど、そのガンキャノンの小っちゃい箱があったんです。「あっ、ガンキャノンの小さいおも

ちゃなんだ」と思って、当時のお小遣いを全部はたいて買って、家に帰って箱を開けてみたら…なんと塗料が3つ出てきたんですよ（笑）

川口 （笑）

佐藤 セットだったんですよ、ガンダムカラーの（笑）

川口 はい、はい（笑）

佐藤 お小遣いを全部はたいて買ったんで、大泣きしてしまいまして。そうしたら親父が、これはプラモデルというものを塗るための絵具みたいなものなんだよ、と教えてくれて。で、次の日に改めて親父がおもちゃ屋さんに連れて行ってくれて、1/144の量産型ズゴックを買ってくれたのがガンプラのスタートでしたね。

川口 ズゴックですかぁ。

佐藤 だからぼくは、はじめて作ったズゴックが、筆塗りなんですが全塗装です。塗料から買っちゃったんで（笑）。けっこう塗ることとかに関しては抵抗がなくて、幼稚園のころからやっていましたね。

川口 最初は、まだ色プラじゃない単色でしたからね。

佐藤 ズゴックのツメも開くか閉じるかの選択式。

川口 塗料もいるし、接着剤もいるし。

佐藤 接着剤、入っていましたもんね。

川口 袋のものですよね。

佐藤 今、再販されている旧キットには入っていないですね。

川口 入っていないです（笑）

佐藤 組み立てるだけだったらあれで足りましたけど、あの量では合わせ目は消せませんね（笑）。合わせ目を消し出したのは小学校高学年ぐらいになってからですね。

川口 早いですねぇ。

佐藤 そうですね。友だちの中ではけっこうプラモっ子で通っていました。吸い上げの缶式のエアブラシなんですが、それを使ってもう小学校で塗装していたんで。まわりにはエアブラシ使ってる子はいなかったんで、あいつプラモ上手だぞ、とはいわれていました。

川口 ほぉ〜。

佐藤 いや、いい時代でしたね〜（笑）。もうプラモ屋さんに行くのが楽しみで。ショーケースに飾ってある、ちょっと上のお兄ちゃんたちの作品を見るのが。

編集 まさにそのころ、ホビー雑誌「月刊ホビージャパン」で川口名人が活躍されていたんですよね。

川口 ちょうどそのころですかね。

佐藤 ぼくたちが憧れたちょっと上のお兄ちゃんたちは、その名人をマネしてやっていたんですよね。名人はその当時だとおいくつぐらいですか？

川口 大学生なんで、二十歳前ぐらいですかね。

佐藤 その名人の作品をちょっと上のお兄ちゃんたちがマネして、それをぼくたち子どもがマネすると

いう、すごいきれいな形ができていましたよね。だから上のお兄ちゃんと話すきっかけは、プラモデルだったことが多かったです。

川口 話題に共通なものがあれば、会話できますからね。

佐藤 よく壊されていましたけどね、お兄ちゃんに（笑）

川口 壊された？（笑）

佐藤 従妹のお兄ちゃんが三歳上なんですけど、ぼくはきれいに作って飾りたいタイプだったんですが、お兄ちゃんはガンガン遊びたいタイプだったんです。すぐドカ〜ン！　とかいって（笑）。お兄ちゃんのガンプラは素組みなんでいいんだろうけど、ぼくのは全塗装なんで。

川口 それは悲しいですね〜。

佐藤 でも、まぁそれもガンプラの遊び方の1つなんで。組んで飾るのか、戦わせて遊ぶのか。おもちゃと美術品の両方の面を持っているというところがすごいなぁと思うんです。

川口 ですねぇ。

佐藤 けっこう大きくなってサーフェイサーを知った時に、ああ、やっぱりガンプラにはだいぶ必要なものだなぁと。船とか戦車とか飛行機とかは、完成したらあまり触ることはないじゃないですか。

川口 まぁそうですね。

佐藤 ガンプラの場合、完成させてからポージングさせたり、ジオラマにしたり、いろいろ動かしたりするんで、色のはがれとかけっこうありますから。そういうのをちょっとずつ学んでいって、やっと少しずつガンプラの遊び方がわかってきました（笑）

p38 「スペシャル対談2」につづく

HOW TO MAKE GUNPLA LESSON 2

簡単塗装でかっこよく仕上げる!

使用キット
HGBD 1/144 ガンダムダブルオーダイバー

PROLOGUE

エアブラシシステムで塗装する

塗装をやりたいが難しそう…と思っていないか? そのハードルがグンと下がるのが、ガンダムマーカーを使ったエアブラシシステム。簡単に塗装できるぞ!

使用アイテム USED ITEMS

- ニッパー
- デザインナイフ
- 紙ヤスリ
- エアブラシシステム
- ガンダムマーカー
- マスキングテープ
- ピンセット
- つま楊枝
- スミ入れ塗料
- 綿ぼう

▶ 作業工程 WORKING PROCESS

① 組み立て(作業3〜4時間)

② 塗装(各色1〜2時間/乾燥各色1〜3日)

③ マスキング(作業1〜2時間)

④ スミ入れ(作業1〜2時間)

BEFORE

PACKAGE

**HGBD 1/144
ガンダムダブルオーダイバー**

TVアニメ「ガンダムビルドダイバーズ」で、主人公がダブルオーガンダムをベースに改造して作り上げた機体。作りやすく、モールドなどもシャープにできている。可動範囲も広い。

AFTER

エアブラシシステムでの塗装

LESSON 2-1

エアブラシシステムなら、ガンダムマーカーをただセットするだけ。塗料の調色や希釈などの必要もなく、簡単にエアブラシ気分を味わえてしまうのだ。使用した後のエアブラシの掃除も必要ないので、ぜひ試してみてほしい。

◆ エアブラシシステムのセッティングと塗装

1 ガンダムマーカーエアブラシシステム

ガンダムマーカーを使って手軽に塗装が楽しめるエアブラシ。エアー缶も入っているので、マーカーを用意するだけでエアブラシのような塗装がすぐに楽しめる。

2 ガンダムマーカー

ガンダムマーカーは、ペン感覚で手軽にガンプラへ塗装ができる。色も豊富にそろっており、メタル系の塗料も発色がよくおすすめだ。

3 マーカーのペン先

もともとのマーカーのペン先でも塗装はできるが、付属のエアブラシ専用芯の方が塗装しやすい。

4 ペン先を取りかえる

使用中のペン先を取りかえる時はティッシュなどを使って塗料で手を汚さないように注意しよう。

5 キャップをしてよく振る

使用前にマーカーを上下によく振っておく。その際、キャップを閉めておくことを忘れずに。

6 ティッシュに塗料を出す

マーカーはすぐに塗料が出ないので、しばらくティッシュなどに芯を押しつけて、塗料を出しておこう。特に新しい芯に交換した時は、なかなか塗料が出ないので注意。

ADVICE
マーカーは使う前によく振れ！特にメタリック系はめっちゃ振れ！理由？ そんなもん考えるな！とにかく振れ！

ノズルの前にマーカーのペン先がちょうどくるように！

7 マーカーをセット

エアブラシにマーカーをセットする。その際に重要なのが、マーカーのペン先とエアブラシ先端のエアーノズルとの位置。写真の位置関係にしよう。

パーツとエアブラシの距離感も確認しておこう

8 紙に試し吹き

キットにすぐ塗装せずに、まずは紙などで試し吹きしてみよう。これで様子を見ながらマーカーの位置を微調整するといい。

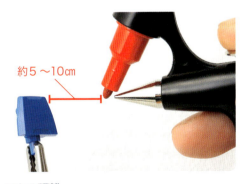

約5〜10cm

9 パーツとの距離

塗装する際のパーツとエアブラシとの距離は5〜10センチほど。塗装するマーカーの色やパーツの形状で微妙に変化するので、練習して距離感をつかんでほしい。

次のページへつづく ▶

ADVICE
エアブラシの吹きはじめと終わりは、パーツをさけて吹こう！ブツブツになったり、プクプクになったり、ツブツブになったりするから！

LESSON 2 簡単塗装でかっこよく仕上げる！

10 ペンを押しつけて塗料を出す

しばらく塗装していると、塗料の出が悪くなってくる時がある。そんな時はマーカーをティッシュなどに押しつけて、芯に塗料をふくませるようにしよう。

11 缶が冷えたら休む

塗装を続けていると、次第にエアーの缶が冷たくなってきて空気圧が下がってきてしまう。そんな時はしばらく塗装を中断して缶を休ませてやろう。

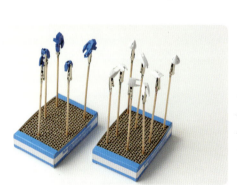

12 持ち手につけて塗装

各パーツを塗装する際は、パーツを挟むクリップなどがついている塗装用の持ち手を使うとやりやすい。このまま乾燥もできるので非常に便利だ。

ADVICE
塗装したパーツにホコリがつくと、2〜3日はへこむぞ！完全に乾くまでは気をつけろ！あと、マーカーのエアブラシはちょっと乾きにくいから、乾燥時間は長めに！

 たくさん塗装する場合はエアー缶も複数必要になるぞ

13 Mr.リニアコンプレッサー L5

エアー缶はちょっとした塗装には問題ないが、連続使用には向いていない。そんな時は、エアブラシ用のコンプレッサーを使用するのも経済的だ。

ADVICE
マーカーのエアブラシは、手軽に使えて手入れも簡単！これに慣れたら、本格的なエアブラシにステップアップしてもいいし、一生これでもいい！好きに生きろ！

下地塗装

LESSON 2-2

塗装していくと、なんかうまく発色しないなぁと思う時はないか？ 特にホワイトやイエローなどの明るい色は、思ったように発色しないことがあると思う。そんな時は下地塗装。ここでちょっとしたコツを紹介するぞ。

簡単塗装でかっこよく仕上げる！

下地塗装の効果

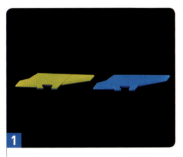

1 青パーツにイエローを塗装
青いパーツにイエローを吹くと（写真左）、少しくすんでしまいなかなか鮮やかに発色しない。

2 下地のホワイトを塗装
青いパーツに下地としてホワイトを塗装して、乾燥させてからイエローを吹くと、鮮やかに発色する。

3 下地塗装ありなしの比較
写真のように並べてみると、発色の鮮やかさが違うのがハッキリとわかるだろう。

メタル塗装の下地はシルバー
メタル系を塗装する場合の下地は、ホワイトよりもシルバーでやるといい。シルバー下地の方が、よりメタリックな光沢が出るようになる。

ADVICE
塗装は意外と下地に左右されるところがあるぞ。逆に予定よりかっこいい色になったことも！ その運をつかむためにも、普段からよいことをしてまわろう！

LESSON 2-3 マスキング

ガンプラは色がパーツごとにきれいに分かれてはいるけれど、中には塗り分けが必要なパーツも存在してしまう。そんな時はマスキングをして塗り分けるといいぞ。マスキングテープはていねいに貼っていけば決して難しいことはない。

◆ マスキングテープによるマスキング

1 マスキングテープ
塗装に使うマスキングテープは、各社からさまざまな太さのものが発売されている。

2 端をナイフでカット
マスキングテープの端は汚れやすいので、金属定規とナイフでカットしてしまおう。

3 ピンセットで貼る
マスキングテープはそのまま使ってもいいが、細くカットして使用するとマスキングがしやすくなる。

4 楊枝でよく擦る
マスキングテープはピンセットなどを使ってていねいにパーツへ貼っていこう。その際は、楊枝などを使ってよく擦ってパーツにテープを密着させること。

ADVICE
マスキングはとにかくていねいにしっかりと！「まぁ、これくらいは大丈夫かな？」って思ったところは、98％くらいの確率で失敗するぞ！完ぺきと思ったところですら、たまに失敗するぞ！

COMPLETION

▶HGBD 1/144 ガンダムダブルオーダイバー

素組みではあるが、ガンダムマーカーで塗装をほどこした。オリジナルからの大幅な色の変更はないものの、やはり全体的に塗装されているだけで、素組みからの印象は大きく変わっている。それだけでも塗装の重要性がわかるはずだ。

HEAD

もともとキットの状態でも細かく色分けはされているが、頬のグレーはシールだったため塗装した。この塗装やスミ入れのおかげで、顔がシャープに仕上がった。

BODY

ボディの中央にあるコクピットハッチなど、違う色みのブルーによって塗り分けた。上部装甲のグレーのラインなど、オリジナルの塗装もよいアクセントになっているはずだ。

WAIST

中央の白い装甲の上面には、グレーの塗装を追加。また、足のつけ根である股関節の部分には、グレー一色で単調にならないように、アクセントとしてゴールドを入れたぞ。

SHOLDER

肩の装甲は本来、白一色であるが、今回はグレーで塗り分けた。ワンポイントで入れたゴールドもそうだが、単調になりがちな部分はこのように改良するといいぞ。

REAR

バックパックは本来、ブルー一色なのだが、アクセントとして違う色のブルーを追加して、いい感じに仕上げた。

FOOT

もともとキットのままでも、ダブルオーの脚はシャープで美しいモールドが多く入っているすばらしいもの。そんな場所は、シンプルに塗装してスミ入れ（P50）を行うだけで、このようにかっこよく仕上げることができるぞ。

WEAPON

両腰脇には、武装であるビームサーベルが取りつけられている。グリーン系のクリアパーツがいいアクセントとなっているので、ここはあえて塗装をせずに活かしてみた。

THRUSTER

両肩にあるスラスターは、ダブルオーダイバーの大きな特徴の1つだ。そのため、ここも単調にならないようブルー系で塗り分けている。

POSEING 1
全体的にスラッとシャープなプロポーションであるダブルオーダイバーは、ただ立たせるだけでも美しい。

POSEING 2
このダブルオーのキットは、可動部分がかなり動く。このようなヒザ立ちなど、なかなか難しいポーズもラクに取れるのだ。

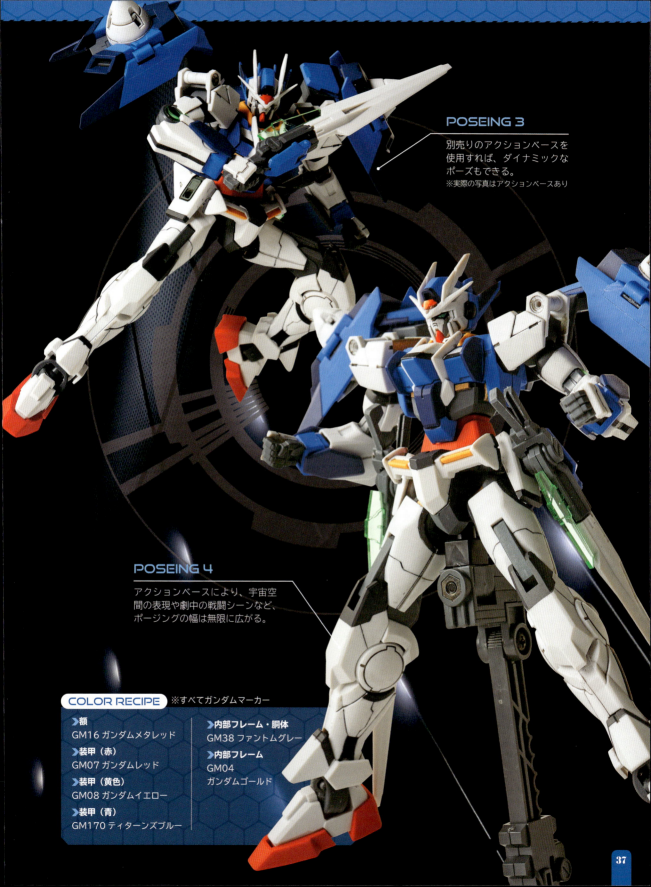

TETSUO SATO × KATSUMI KAWAGUCHI　スペシャル対談

「川口名人の模型作りのきっかけ」

川口名人の模型の原点

佐藤 川口名人が模型をはじめたきっかけというのを聞いてもいいですか？

川口 小学校3年生ぐらいがはじめてだったですね。

佐藤 そのころはもちろんガンプラはないですよね。

川口 ええ。だからどちらかというと、駄菓子屋さんとか文房具屋さんで売っていた簡単なものでした

ね。学校の帰りに文房具屋さんに寄って、棚に並んでいるプラモデルをよく見ていました。その後、70年代にミリタリーブームが起こって戦車を作りましたし、ちょうどそのころに映画の「史上最大の作戦」とか「空軍大戦略」とか戦争映画をテレビでやるようになって、それを見てかっこいいって思ったものを、文房具屋さんでプラモで見るという。

佐藤 へぇ～そうなんですね！　ぼくらの場合は逆にガンプラがあって、それを作るすごい人たちがいてっていう土台がはじめからあったんで、こういうふうに作ったらかっこよくなるっというのはわかったんですが、名人の当時のころはそれをちびっ子たちが知る術がなかったんじゃないですか？

川口 ないですね。結局今にして思うと、プラモデルというのは1人でこう作るというよりは、友だち同士や近所のお兄さんなど、そういう人たちと一緒に作るという感覚があったんですよね。その後、小学校4、5年生ぐらいになって、同級生のお兄ちゃんが船を作っていて、模型的な技術などをけっこう教えてくれたんですよ。そのころから、スケールモデルをしっかりと作りたいと思いはじめたんですよね。

佐藤 やっぱり上のお兄ちゃんからっていうのは、あったんですね。

川口 なかなか模型屋さんに行くのは怖いですから。

佐藤 ハハハ、本格的ですもんね。わかります。

川口 ちょっと腰が引けちゃう部分も、お兄ちゃん

と一緒なら行けるみたいな。だからお店に行ったら、そこに大人の人たちもいらっしゃって、いろいろと教えてくれるわけです。

佐藤 プラモデルっていう遊び方が、今よりもう少しオープンでしたよね。

楽しみながらステップアップしていった

川口 さっき佐藤さんがおっしゃっていた、飾っておくというのと、戦わせるというのがあったじゃないですか。で、やっぱりスケールモデルというのは、今はディスプレイがほとんどですけれども、当時は安いものですがゼンマイで走らせるものとかもあったんですよ。

佐藤 ああ、水中モーターがついている船がありましたね。

川口 そうそう、だからわりと戦わせるということに近いものが普通にあったんですよね。戦車は砂場などで走らせるとかっこいいとか、船だったら水に浮かべるとか、本物のミニチュアみたいな遊び方がありましたね。それで、大人の方たちはディスプレイモデルを作るみたいな、両方ありだったんですよね。プラモデルを使って遊んでいた子たちも、いつかはちゃんとディスプレイモデルを作りたい、みたいな憧れがありましたし。小学校の高学年ぐらいだったか、タミヤさんとかフジミさんとか、バンダイもありましたけど、模型情報の小冊子がお店のレジの横にあったりして、当時50円ぐらいでしたから毎月買って、スゲェ！　といって、見ていましたね。そこに載っている改造記事なんかを見よう見まねでやってみて、いろいろなことを覚えていった感じですかね。

佐藤 昔の方が、プラモの技術的にステップアップしていく階段のようなものが、ちゃんとあったような気がしますね。

川口 それぞれの段階でお楽しみがちゃんとあって、満足しながらステップアップできましたよね。

p56 「スペシャル対談3」につづく

HOW TO MAKE GUNPLA
LESSON 3

仕上がりがグンとよくなるテクニック

使用キット
HGUC 1/144 RGM-79 ジム

PROLOGUE

合わせ目を消そう

合わせ目は、接着剤と紙ヤスリがあれば簡単に消すことができる。ただヤスリをかけると、表面が荒れるので塗装は必須。ここで、全塗装にも挑戦しよう！

PACKAGE

HGUC 1/144 RGM-79 ジム

量産機ということもあり、構造がシンプルでパーツ数も少なく、かなり作りやすいキット。プロポーションもよく、古さは感じない。

使用アイテム　USED ITEMS

- ニッパー
- デザインナイフ
- 接着剤
- 紙ヤスリ
- パテ
- 瞬間接着剤
- エアブラシ
- 塗装塗料
- スミ入れ塗料
- デカール
- Mr.マークセッター
- ピンセット
- 綿ぼう

作業工程　WORKING PROCESS

① あとハメ加工
（作業1時間）

② 合わせ目消し
（作業2〜3時間／乾燥2日以上）

③ 塗装（4〜5時間／乾燥各色2〜3時間）

④ スミ入れ
（1時間）

⑤ デカール貼り
（1〜2時間）

⑥ 仕上げ
（作業1時間）

BEFORE

AFTER

RGM-79 GM

あとハメ加工

LESSON 3-1

パーツによっては、組んだ後に塗り分けをするのが大変な場所もある。特に合わせ目を消したりすると、もうバラせないので余計に大変なことも！ そんな時は塗装した後でもパーツをはめられるテクニック、あとハメ加工がおすすめ。

◆ ボディパーツのあとハメ加工

1
胸パーツの合わせ目
胸パーツの上部の肩周辺には合わせ目ができる。この合わせ目を消すと、胴部分との塗り分けのためのマスキングが必要となってしまう。

部長ポイント

胴体パーツのマスキング

マスキングで塗り分けてもいいけど、このキットの場合は、あとハメ加工の方がやりやすいからどーかな？

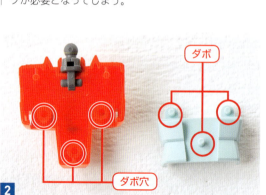

2
胸のダボ穴と胴体のダボ
胸と胴体のパーツは、ダボによってしっかりとハマっている。ここを加工することによって、あとハメできるようにする。

3
胴体のダボをカット
今回は胴体のダボの方をカットして、あとハメできるようにした。一気にカットせず、胸パーツと合わせながら少しずつカットしていこう。

4 下から胴体パーツを差し込む

胸と胴を別々に塗装してから組み込むことができるようになった。ダボ穴をカットして広げるという方法もあるので、いろいろと試してみるといいだろう。

部長ポイント

胴体パーツに接着剤をつける

あとハメ加工をすると、どうしてもパーツの"合い"が緩くなってしまう。それを防ぐためにも、基本的にパーツは接着しよう。

5 ジムの頭の横の合わせ目

もう一ヶ所あとハメ加工が必要な場所が頭部。頭部側面の合わせ目を消すと、クリアパーツはあとハメ加工が必要となる。

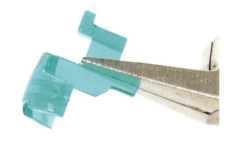

6 クリアパーツを上下にカット

クリアパーツは、一体化しているバイザー部分と上部カメラ部分を上下に切り離すことで、バイザー部分をあとハメできるようになるのだ。

7 カメラ部分は先に取りつける

頭部のカメラ部分は、あとハメ加工が少し面倒なので先に取りつけておく。もちろん塗装前に、カメラ部分のマスキングは必要になる。

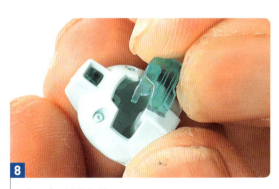

8 バイザー部分を前からはめる

あとハメ加工をしたおかげで、塗装後でもバイザー部分を前からはめ込むことができるようになった。クリアパーツはキズつきやすいので注意しよう。

LESSON 3 仕上がりがグンとよくなるテクニック

合わせ目消し

LESSON 3-2

合わせ目は気にならない場所も多いけど、やっぱり目立つところはどうしても気になっちゃう。そこで接着剤を使ってお手軽に合わせ目消しをしちゃいましょう。少し気をつければ難しいことはないので、ぜひやってみて！

✎ 接着剤を使って合わせ目を消す

1
パーツにできる合わせ目
パーツとパーツを組んだ時にできるのが、合わせ目だ。前面の目立つようなところにできてしまう合わせ目は、消しておきたい。

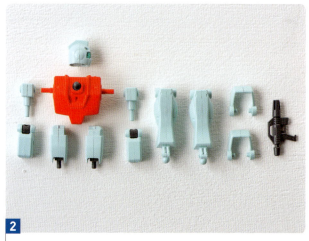

2
合わせ目ができるパーツ
合わせ目ができてしまうパーツ。HGジムは少し古いキットということもあり、合わせ目が目立つパーツが多い。

3
タミヤセメント
今回はタミヤの接着剤を使用。流し込みタイプより通常タイプの方が合わせ目消しに向いている。

4
接着剤をたっぷり塗る
合わせ目を消したい場所に、普通よりたっぷりと接着剤を塗ろう。だからといって塗りすぎはダメだぞ。

5
両パーツに接着剤を塗る
貼り合わせるパーツの両方に接着剤をたっぷりと塗り、1分ほど放置してプラスチックを溶かそう。

6

パーツを合わせてギュッとする

慎重にパーツを合わせたら、一気に力を込めて接着する。この時、合わせ目から溶けたプラスチックがムニュッと出てきたら成功だ。

7

ムニュが出たパーツ

この状態で一日以上（できれば数日）放置して乾燥させよう。合わせ目から出てきたプラスチック部分には、触らないように。

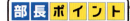

塗装用の取手を使う

接着剤を塗ったパーツは、本当に持ちづらい！ 本当にだ！ 塗装用持ち手を使うと持ちやすい。本当にだ！

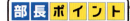

ダボ穴に切り込みを入れる

接着するところは、ダボ穴に切り込みを入れるとやりやすい！ イケナイことをするみたいで、ちょっと罪悪感があるが！

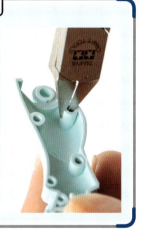

8

デザインナイフで削る

ムニュの部分が多い場合は、ある程度デザインナイフで削ってしまおう。

9

紙ヤスリでヤスる

400〜600番の紙ヤスリで、ていねいにヤスリ掛けする。合わせ目以外のところを削りすぎないように。

10

合わせ目が消えたパーツ

合わせ目がきれいに消えた。ただパーツが白くなってしまうので塗装は必要だ。

次のページへつづく ▶

11 頭の横のモールドが消える

合わせ目消しの際、場所によってはどうしても一緒にモールドが消えてしまうこともある。ジムの場合、頭の横のモールドなどは消えやすい場所の1つだ。

12 デザインナイフでモールドを彫る

モールドが消えてしまった場合は、デザインナイフでモールドを彫り起こそう。切るというよりは、ナイフの刃を立てて彫る、という感じにするといい。

13 肩パーツ上部のパーティングライン

合わせ目とは違うが、金型の関係でパーティングラインという筋が出てしまっているパーツがある。

14 ヤスリでヤスる

平らなパーツをヤスる時は、写真のような板状のヤスリの方が適している。紙ヤスリは400番か600番。

15 パーティングラインが消える

パーティングラインは紙ヤスリで簡単に消える。荒さが目立つ場合は800番の紙ヤスリで仕上げよう。

16 脚の合わせ目の比較

左脚だけモモ、スネ、足首の合わせ目を消してみた。比較してわかる通り、合わせ目消しの効果は歴然だろう。やはり目立つ場所の合わせ目は消したいところだ。

ADVICE

古いキットは合わせ目がめっちゃある時があるけど、自分が気にならないなら消さなくていいよ！ 気になる？ じゃあ消せ！

LESSON 3-3 合わせ目が残ったら…

紙ヤスリで削ってみたら、あっ、合わせ目残ってるやん！ということもよくあるよね。そんな時の簡単な対処法を紹介しよう。簡単にリカバリーできるから、あきらめずに合わせ目に挑もう！

LESSON 3 仕上がりがグンとよくなるテクニック

◆ 瞬着パテを使った合わせ目の補修

1 合わせ目が残っている
紙ヤスリで削ってみたら合わせ目が完全に消えていない、ということはよくある。

2 瞬間カラーパテ
合わせ目が消えない時はガイアノーツの瞬間カラーパテが便利。色も豊富。

3 瞬間接着剤を混ぜる
さらにハイスピードの瞬間接着剤を混ぜると、硬化時間がさらに短縮できる。

4 カラーパテを盛る
小さなすき間程度であれば、瞬間接着剤だけでも補修は可能だ。ただし、大きめのすき間や溝が残ってしまった場合は、パテを使うのがいいだろう。

ADVICE
合わせ目の消し方っていろいろなやり方があるけど、これが正解とかはないよ！ちゃんと消えりゃ、何でもいい！

LESSON 3-4

スミ入れ

全体的に塗装が終わったら、次はスミ入れをしていこう。モールドや構造的に奥まった陰になる部分にほどこすことによって、単調だったところが一気に立体感が増してかっこよくなるぞ。

◆ スミ入れ塗料によるスミ入れ

1
スミ入れ塗料とエナメル溶剤
今回はスミ入れ塗料のブラックを使用。ふき取りにはエナメル溶剤を使う。

2
面相筆を使用
スミ入れ塗料のフタには筆もついているが、今回はコントロールしやすい面相筆を使用した。

3
パーツにスミ入れする
モールドにスミ入れ塗料を含んだ筆をあてるだけで、塗料がスーッと流れ込んでいく。

4
綿ぼうではみ出した塗料をふき取る
スミ入れ塗料がはみ出した部分は、乾く前に綿ぼうでふき取ろう。落ちにくい場合は、エナメル溶剤を綿ぼうに含ませてふくといい。

部長ポイント

スミ入れ塗料3色

タミヤのスミ入れ塗料は、そのまますぐに使えるのですごい便利！ だけど、色には限りがある。だからオレはイメージに応じて、混ぜて使ったりもしているよ！ これもアリ！

50

LESSON 3-5

デカール貼り

塗装、スミ入れと終わったら、最後の仕上げはデカール貼りだ。水転写デカールは手間がかかるけど、シールと違って薄くてリアルに仕上がるぞ。少しコツはいるけど、かっこいいガンプラに仕上げるためにもぜひ挑戦してほしい。

水転写デカールを貼る

1

クレオス Mr. マークセッター

水転写デカールはそのまま貼れるが、マークセッターを使うことで、よりキットにデカールが馴染む。

マークセッターを塗るのはキットに貼る面

2

マークセッターを塗る

水で台紙からはがれたデカールに、ダイレクトでマークセッターを塗ってしまうのが部長流だ。

3

デカールを貼る

パーツにデカールを貼る。デカールが濡れて動いているうちに、位置決めをしよう。

4

綿ぼうでデカールをおさえる

デカールの位置が固定されたら、水で濡らした綿ぼうで空気を抜くように押さえつけていく。綿ぼうが乾いていると、デカールが綿ぼうに張りついてしまうので注意。

部長ポイント

いろいろなデカール

水転写デカールはリアルでかっこよく仕上がるぞ。様々なメーカーから多種多様なデカールが数多く発売されてるから、ぜひいろいろと試してみてほしい。

※今回は複数のメーカーのものを使用

仕上がりがグンとよくなるテクニック

COMPLETION

▶HGUC 1/144 RGM-79 ジム

パーツ数も少なく、シンプルながら組み立てやすい良キットであるジムを、塗装とデカールだけで作り上げた。ジムは青系のイメージを持っている人もいると思うが、今回は白系のグレーでリアルに仕上げてある。

FOOT

BREAST

ジムの脚はガンダムと違い、メリハリの少ないシンプルな装甲となっている。色も単色のため単調になりがちだが、そこをコーション系のデカールを適度に貼ることで、アクセントを演出してみた。また、スジ彫りにスミ入れをていねいにすることによって、メリハリを出した。

胸部分などの赤い装甲は、少しオレンジがかった赤で塗装してある。この赤がシンプルな白系の装甲と相まって、メリハリのきいた仕上がりになる。

BODY

BODY

胴体の部分は正面中央のため、いちばん目立つ場所の1つだ。ジムは色数が少なく単調になりやすいので、モールドやデカールでいろいろと演出してあげるといいぞ。

正面スカート部分は、ガンダムと違って量産機ということで、モールドも色数も少ない。モールドを追加するという手もあるが、今回は無改造にしてデカールで演出している。

HEAD

顔の横にある合わせ目をていねいに消し、モールドもきれいに復活させた。やはり顔は目立つところなので、こういった処理はていねいに行った方がいい作品につながるぞ。

REAR

背中もバックパックもシンプルな造りであるジム。シンプルだからこそ、ていねいに処理することが肝心だ。バックパックのグレーの塗り分けなどがポイント。

SHOLDER

ジムの肩部分は他のモビルスーツに比べて、特にシンプルな構造になっている。そのため、目立つパーティングラインを処理し、大きめのデカールでアクセントをつけた。また装甲内部も、グレーに塗り分けるなどていねいに仕上げた。

POSEING 1
ジムの武装はシンプルなスプレーガン。そのシンプルなデザインが、逆に量産機のかっこよさでもあるのだ。

POSEING 2
ジムは決して可動範囲が狭いということではない。シンプルな量産機であるジムは、派手なポージングよりも立ち姿が似合う。

COLOR RECIPE

▶白部分
VO-31 コールドホワイト（ガイアノーツ）70%＋
C20 ライトブルー（Mr.カラー）30%

▶赤部分
NC-003 フレイムレッド（ガイアノーツ）

▶黄色部分
EV-07 エヴァイエロー（ガイアノーツ）50%＋
005 サンシャインイエロー（ガイアノーツ）50%

▶グレー関節
NP002 メカサフライト（ガイアノーツ）

▶黒部分
032 アルティメットブラック（ガイアノーツ）70%＋
FG-05 インナーブラック（ガイアノーツ）30%

TETSUO SATO × KATSUMI KAWAGUCHI　スペシャル対談 ③

「パンクブーブー佐藤にとってのGBWCとは?」

あのパーフェクトジオング（GBWC2015ファイナル）を作ったきっかけ

編集　改造なども子どもの時からされていましたか？

佐藤　ぼくはガンプラビルダーズワールドカップ（GBWC）[※1]でパーフェクトジオングを作ったんですけど、これは小学校1年か2年生の時、『プラモ狂四郎』（1982年～）のマネをして、ドムの足を使ってジオングをパーフェクトジオングに改造しようとしてできなかったんですよ（笑）

川口　「コミックボンボン」（講談社）さんでやっていた改造って難しいんですよね。大人でも大変ですよ。

佐藤　そうですよね！　名人たちストリームベースの方たちが小学生に向けて、やってみようぜ！　って、いっていましたけど、小学生には無理ですよね（笑）。今、考えると、フルスクラッチみたいなものもあったんで。

川口　ですよね。

佐藤　けっこう無理なレベルのところが逆に当時、ぼくたちの憧れになっていました。すぐにできるというわけではなくて。ぼくのまわりのみんなも挑戦したけど、できなかったんですよ。だからこそ挑戦したいというか。で、ちょっとうまくいっている人の作品を見ると、すごいなぁってなって。だから改造し出したのは早かったですね。その当時どうしてもできなかったからこそ、GBWCでパーフェクトジオングに挑戦してみたかったというのがありますね。

川口　なるほど。

GBWCは楽しむもの！

編集　毎年GBWCに参加されていますよね。

佐藤　GBWCはコンテストではあるんですが、楽しむってことが大前提なのを忘れちゃう人が多いなと。うちの部員（吉本プラモデル部）でもそうなんですよ。GBWCにみんな出すぞ！　みんな作ろうぜ！　っていったら、いや出せるものができませんでしたって。いやいや、そういうことじゃないと（笑）。このレベルまで行かないと出せないとか、まわりと比べてどうかとかではなくて、そのコンテストをお前が楽しみなさいっていうんですけど、やっ

ぱりコンテストが重荷になっちゃう人っているんですよね。ぼくはふざけてもいいと思うんです。真剣にやるというのは人によって異なる部分があるんで、もう少し肩の力を抜いてやれたらいいな、とぼくら的には伝えていきたい。

川口 はじめて参加される方がいきなり一等賞というのは大変だと思うので、とりあえず小手調べで参加してみました！　でいいと思うんです。その時、締切りまでに完成させるということを一度体験していただくと、なかなか完成しないんだよね…という作りかけがいっぱい並んでいく状況は、たぶんなくなっていくかと。工作はすごい得意だけど塗装がダメなんですよという人は、要は塗装まで行かないから。そこまでのスキルが身につかない状態で作りかけのものがいっぱい並んでいると、いや、とりあえず何でもいいから完成させなよと。そこまで行けば、塗装に関してももっとこうしたいとか、こうするとおもしろいといったアイデアも出てくるだろうし。

佐藤 そういう締切りとか発表する場があれば、自分の中でリズムとかが生まれてきますよね。ぼくの友だちでもコンテストとかにまったく出さない人で、もう10年くらい、一体のRX-78を作り続けている人がいます（笑）

川口 ハハハ、います、います（笑）

佐藤 納得いかなくてずっとやっていて、ずっとやっているうちにうまくなっちゃって最初のところからやり直すみたいな。一生あの人は作っているんだろうなぁ（笑）。もう自分との戦いになっちゃうんで、一回、踏ん切りをつける意味でも、こういったコンテストって積極的に参加するといいですよね。

編集 佐藤さんの2016年 GBWCで準優勝したサルベージも、楽しもうとした作品ですか？

佐藤 もちろんです。技術うんぬんというよりは、ぼくは自分が作った作品でまわりがうわぁ〜っていうのが見たいんです。なんか驚かしてやろうみたいな。

川口 それはエンターテイメントをいつもやられているから、もう体にしみついているのでしょうね。佐藤さんの作品は、ここを皆に見てほしい、ここのところで驚かしてやりたいというところが、すごくハッキリしているんですよね。それはいつも拝見していてすごくおもしろいんです。

P86 「スペシャル対談4」につづく

※1：ガンプラビルダーズワールドカップ … 正式名称は「バンダイオフィシャルガンプラコンテスト世界大会」。略称は「GBWC」。日本を含む世界16カ所が参加する、バンダイ公式のガンプラ製作世界一決定戦！

HOW TO MAKE GUNPLA
LESSON 4

最高にかっこいい ガンダム Mk-II を作る!

使用キット
MG 1/100 RX-178 ガンダム Mk-II Ver.2.0 (ティターンズ仕様)
MG 1/100 RX-178 ガンダム Mk-II Ver.2.0 (エゥーゴ仕様)

PROLOGUE

改造をしてみよう

いちばん好きな「ガンダム Mk-Ⅱ」を、今の自分のできる技術を駆使して最高にかっこいいものを目指したぞ。自分の中での「黒いガンダム」にも挑戦した。

PACKAGE

MG 1/100 RX-178 ガンダム Mk-Ⅱ Ver.2.0（ティターンズ仕様）

Ver.2.0というだけあってプロポーションも構造もかなりよいキット。色分けもほぼできているので、素組みでもすばらしい完成度だ。

使用アイテム　USED ITEMS

- ニッパー
- デザインナイフ
- 接着剤
- ヤスリ
- プラ板
- エポキシパテ
- 各種塗料
- エアブラシ
- タガネ
- ディバイダー

≫ 作業工程　WORKING PROCESS

① 改造の検討（数日）

② プロポーション加工（膨大な時間）

③ スジ彫り（たっぷりな時間）

④ 塗装（かなりの時間）

BEFORE

AFTER

RX-178 GUNDAM Mk-II

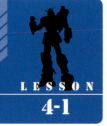

LESSON 4-1

プロポーション変更

とにかくかっこいいMk-IIを作るためにまず目をつけたのはプロポーション。キットではマッシブで力強い感じだ。もちろんこれはこれでかっこいいが、今回は手脚の長いスタイリッシュでかっこいいMk-IIの完成を目指す。

◆ プラ板やエポパテを使ったプロポーション改造

1

素組みの上半身
上半身でのプロポーション変更の大きなところは腕の延長になる。上腕部と前腕部のそれぞれをともに延長している。また胴体部分も延長し、プロポーションのバランスを取っている。

2

素組みの下半身
下半身でのプロポーションの変更は脚が中心となる。特にかかと部分から足首にかけて延長をほどこしている。また股関節の脚のジョイント部分も変更して、プロポーションをよくしている。

3

プラ板とエポパテ
延長工作に限らず、大きな改造をする場合に使うものは、プラ板とエポパテが基本となる。この2つの特徴を活かして、今回の大改造を行った。

※改造は基本、プラ板で作成して接着剤で接着。細かな造形修正などでエポパテを使用。

ADVICE
プラ板にはいろいろな厚みがあるぞ。特に「0.25・0.3・0.5・1.0ミリ」の厚みのものをよく使っている。またエポパテもいろいろな種類があるが、今回使ったタミヤの速硬化タイプなどは時間短縮にもなるからオレは好き。

4
前腕の分解図
腕の前腕部は筒というよりも4つの面で構成されている。単純に延長するのではなく、それぞれの面を考えて延長工作をしなければならない。

5
前腕の内部機構
前腕の内部には、関節をカバーする装甲のスライド機構も存在する。今回の延長工作では、その機構をなくさずに延長作業を行うことにした。

6
腕パーツの比較
内部機構やほかの面とのバランスも考え、写真の位置でプラ板とエポパテにより延長を行った。改造前と比較すると、かなり腕が延びていることがわかるだろう。

7
延長した腕パーツの3面
それぞれの面を写真の位置で延長した。ただ延ばすのではなく、それぞれ4面の特徴を壊すことなく、バランスに注意しながら延長を行っている。

8
腕の比較
写真のように並べてみれば、かなり腕が延長されていることがわかるだろう。バランスを崩すことなく、スリムでシャープなかっこいいMk-IIとなった。

> **ADVICE**
> Mk-IIの腕は、連動して可動する部分があるから、延長するのも大変だった！ もっとうまいやり方があるかもしれないけど、根性で乗り切った！ 根性も大事だ！

次のページへつづく▶

9 胴体パーツ

腕の延長にともない、バランスを考えて胴体部分も延長している。胴体の延長はただ延長したのではなく、一度胸部より切り離し、ディティールアップとともに行った。

10 上半身の比較

バランスよく延長がほどこされているのがわかるだろう。腕だけ延ばしてしまうと、かっこ悪くなってしまうところを、胴体の延長で絶妙なバランスになっているはずだ。

11 肩の比較

今回は延びた腕に負けないように、肩の装甲部分もボリュームアップ。中央の装甲が上へと飛び出すことにより、重量感が増しているはずだ。

12 肩のボリュームアップ

エポパテを盛ってボリュームを出す方法もあるが、今回は肩のパーツをそのまま上へと持ち上げている。そのバランスを取るため、ダクトは新規にプラ板で作り起こした。

13 股関節を下げる

股関節である脚のつけ根の部分の位置を下げている。キットの関節部分をそのまま活かして位置を変え、あとはプラ板を中心に使ってすき間を埋める加工をほどこしている。

14 股関節の比較

素組みの状態と比較してみると、股関節の位置がかなり下になっている。フロントやサイドのアーマーとのバランスや、関節の見え具合にも配慮して位置決めしている。

ADVICE
パーツを延長する時は気をつけろ！ 1ヵ所延長したら、それに合わせて何ヵ所も延長させられるワナがひそんでいるぞ！

15 腰フロントアーマーの比較
股関節の位置を下げたことに合わせて、フロントの腰のアーマーも延長している。これにより、脚のつけ根などの内部機構がむき出しになることはなくなった。

16 ヒール部分
足のヒール部分も変更点の1つ。足をすぼめてつま先立ちのような状態となり、そのバランスを取るためにヒールをプラ板を使って延長加工している。

17 足首の内部フレーム
内部フレーム部分も、プラ板やプラ棒を使って延長してある。可動する部分は、下手に改造すると動かなくなってしまうことがあるので、機構を考えて改造する必要がある。

ADVICE
脚は単純に長さを延ばすだけでなく、股関節の位置を下げることでも長い印象を与えられるぞ！ みんな！ 股間をいじるんだ！ ゴメン！ 変な言い回しになった！

18 下半身の比較
写真のように改造前の状態と並べてみると、脚の長さの違いは歴然。上半身の延長とも相まって、長身でスリムなスタイリッシュなデザインに仕上がったはずだ。

LESSON 4 最高にかっこいいガンダムMk-Ⅱを作る！

LESSON 4-2

頭部加工

プロポーションの変更をしてスリムでカッコイイ Mk-II に仕上がってきた。それに合わせて頭部もかっこよく改造したいところ。特にフェイス部分を悪かっこいい感じに仕上げることにした。

✎ プラ板による頭部の改造

1

素組み顔正面
説明書通りに組んだ状態のMk-IIのフェイス。このままでもかっこいいが、今回はもう少しバイザーを下ろして鋭い目つきを演出したい。帽子を目深に被ったイメージ。

今回はバイザーの延長はしていないぞ

2

頭部横にすき間を作る
頭部全体を前に下ろして、バイザーが目にかかるように改造する。そのために、頭部前後の合わせ目のところで大きなすき間を作って、接着剤で固定した。

エポパテを併用すると硬さにバラつきが出るぞ

3

プラ板
エバーグリーンのプラ板を使用する。今回はその先の加工やモールド彫りのしやすさを考慮して、エポパテは使わないようにした。

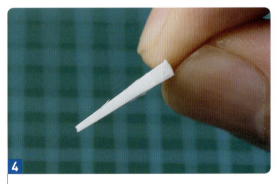

4

プラ板を斜めに加工
頭部のすき間は意外と大きいので、プラ板は厚い2ミリのものを使用。そのプラ板をすき間に合わせて適当なサイズにカットし、クサビ状にヤスリを使って加工する。

すき間があいてしまうとエポパテが必要になるぞ

5 プラ板をすき間に合わせる

加工したプラ板をすき間に合わせながら調整していく。今回はエポパテを使用したくないので、この微調整が大事になってくる。

6 頭部の上部と左右にプラ板を挟み込む

上部と左右にプラ板を差し込んだ。まず上部のプラ板の位置を確定し、接着剤で固定してから左右のプラ板に取り掛かった。接着剤は通常のものと流し込みの速乾タイプ。

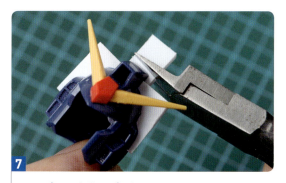

7 ニッパーで余分なプラ板をカット

しっかり接着し乾燥させた後、プラ板の余分な部分をカット。はじめに大まかな部分をニッパーでカットし、次に超音波カッターを使って余分な部分を落としていく。

8 紙ヤスリで整形する

ニッパーと超音波カッターで余分な部分をおおまかにカットしたら、あとは紙ヤスリで整形していく。ていねいにやらないと、完成のデキに大きく響くので注意。

素組みとの頭部比較

加工後の写真。見事にバイザー部分が下がっているのがわかるだろう。目の見える部分が少なくなっているはずだ。眼つきの鋭いかっこいいフェイスに生まれ変わった。

ADVICE

人形は顔が命。モビルスーツもやっぱり顔が命！ じゃあ、どういう顔がかっこいいのかって？ 身もふたもないことをいうぞ！ 好みだ！

LESSON 4 最高にかっこいいガンダムMk-Ⅱを作る！

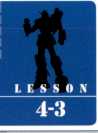

LESSON 4-3

スジ彫り

ディテールアップはプロポーション変更などの改造以外にも、まだまだたくさんある。そのうちの1つがスジ彫りだ。装甲などの面に対してスジ彫りをほどこすと、情報量が増して一気にかっこよさが増すぞ。

新たにスジ彫りを追加する

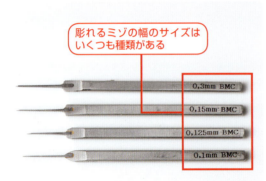

彫れるミゾの幅のサイズはいくつも種類がある

今回は0.125ミリ幅のものを使用しているぞ

1 スジ彫りツール
スジ彫りをほどこすための道具はいくつかあるが、よく使われるのが写真のタガネだろう。パーツを少しずつ削って溝を掘っていくものだ。

2 タガネの先端
スジ彫りに欠かせないのが、タガネ。特によく使っているのが、スジボリ堂の「BMCタガネ」。削りやすく扱いやすいので、お気に入りなのだ。

今回使用したのはVertexのマスキングシート

3 マスキングシート
スジ彫りの時に欠かせないアイテムのもう1つが、ガイドテープだ。パーツに貼ったガイドテープにそって、タガネを動かしスジ彫りを行っていく。

ADVICE
スジ彫りのガイドとなるテープは非常に大事。でも自分はガイドテープは使わず、塗装などに使うマスキングシートを使っている。ガイドテープより薄くて慣れが必要だが、薄い分、扱いやすくてパーツに貼りやすいのだ！

4

肩パーツのモールド

モビルスーツは肩や腕、脚など左右対称のものが多い。左右がまったく同じならいいが、左右反転しているところがやっかいである。

> 左右対称のガイドテープを作るのは、意外と面倒くさい！ だから作業に入る前に、いったんコーヒーだ！ 猫舌のオレはアイスコーヒーだ！

5

マスキングシートを2枚用意

まずはマスキングシートを2枚用意する。もしくは2枚にカットして、同じサイズのものを2枚準備。

6

瞬間接着剤を点づけ

マスキングシートの表面(接着面ではない面)に、瞬間接着剤を点づけしていく。

7

貼り合わせる

瞬間接着剤を点づけした表面どうしを貼り合わせる。すぐ乾くので手早く作業しよう。

8

マスキングシートの端をカット

貼り合わせたマスキングシートは、端がきれいな垂直になるよう、カットしておこう。正確な垂直の端を作っておくと、この先の作業の正確性が増していくぞ。

> うまくガイドテープができたら、喜びをかみしめるためにコーヒーだ！ お腹が気になるオレは、ブラックコーヒーだ！

次のページへつづく

LESSON 4 最高にかっこいいガンダムMk-IIを作る！

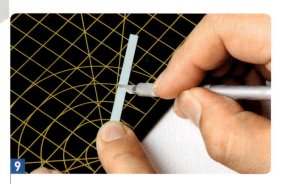

9 マスキングシートをカット

モールドのデザインに合わせて、マスキングシートを切り出していく。このシートの形でスジ彫りが決まるので、ていねいに、きれいに切り出していこう。

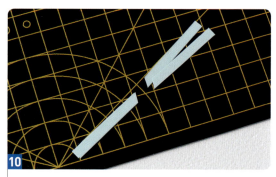

10 カットシートが2枚できる

2枚のマスキングシートを貼り合わせているので、切り出すと左右対称のものができることになる。別々に切り出すよりも正確で簡単だ。

11 1枚目のシートをパーツに貼る

切り出したマスキングシートを、ピンセットでパーツに貼っていく。特に1枚目のシートはすべてのスジ彫りの起点となるので、正確にしっかりと貼っていきたい。

12 2枚目以降を貼っていく

1枚目のシートを基準にして、2枚目以降のシートもていねいに貼っていこう。このシートがきれいに貼れていないと、スジ彫りもきれいに仕上がらない。

13 すべてのシートを貼る

スジ彫りのガイドとなるマスキングシートをすべて貼り終えた。この後のスジ彫り作業ではがれたりずれたりしないよう、パーツにしっかりと擦りつけて貼りつけておこう。

ADVICE

自分はパーツに下書きはしないで、マスキングシートを切り貼りしながらイメージに近づけていく方法を取っている。マスキングシートもスジ彫りしながら貼っていくのではなく、最初に全部貼ってしまうよ。

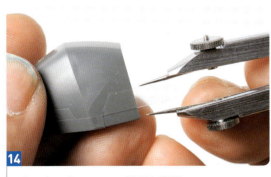

14 ディバイダーでシール位置を確認

反対側の肩パーツにも、同じようにマスキングシートを貼っていく。この時、位置がずれないように、ディバイダーを使ってきっちりと左右対称になるよう心がけよう。

部長ポイント

左右対称の肩パーツ

正確にシートを貼るため、ディバイダーで3ヵ所くらい位置取りをするぞ！ 面倒くさい日はしないぞ！

15 シートを貼った肩パーツ

今回のモールドは、写真の順番でスジ彫りをしていくとやりやすいだろう。最初の起点となるスジ彫りは、なるべくやりやすい場所から始めたいところだ。

ADVICE

最初にスジ彫りをする場所は、パーツの外に逃げていくモールドがやりやすいぞ。内から外へとスジ彫りをしていけば、彫りすぎてしまうというミスを防ぐことができるのだ。

パーツがブレないように固定すること！

16 静かに彫っていく

タガネで、ゆっくりとスジ彫りをして行こう。この時、あまり力を入れず、彫るというよりは擦るという程度の力加減でやらないと、線がはみ出してしまう。

部長ポイント

スジ彫り姿勢

オレはいつも片ヒザ立てて、手がブレないようにしているよ！ でも行儀悪く見えるから、作業は一人の時間にしかやらないのだ！

▶ 次のページへつづく ◀

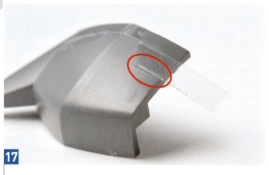

17 一本目のスジ彫り

最初のスジ彫りのモールドを起点として、次のモールドがつながっていくことになる。そのため次のモールドとつながる部分を、少しだけ飛び出して彫っておく。

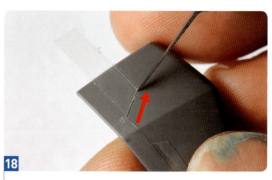

18 スジ彫り2本目

最初のモールドもガイドにして、2本目のモールドを彫る。スジ彫りの終点を最初のモールドにすれば、うまくタガネが止まってくれ、彫りすぎることはない。

19 パーツ横をナイフで彫る

モールドのデザイン上、パーツのフチや横部分にも、モールドが必要だ。薄い場所に最初からタガネを使うのは難しいので、まずはデザインナイフでガイドを彫る。

部長ポイント

立体感などを意識する

モールドは装甲のただの溝じゃない！装甲のつなぎ目だったり、構造的な理由づけも大事。だから、パーツの横などもしっかりモールドをほどこし、立体感など意識しよう。

20 スジ彫り完成

スジ彫りが終わったらシールをはがす前に、もう一度スジ彫りを確認しよう。特にモールドとモールドのつなぎ目がきれいに仕上がっているかなどをチェック。

部長ポイント

シールをはがして完成

線によって太さを変えるのもアリ！うまくハマると、めっちゃ気持ちいいやつ！

COMPLETION

MG 1/100 RX-178 GUNDAM Mk-II

FACE

▶ MG 1/100 RX-178 ガンダム Mk-Ⅱ
 Ver.2.0（ティターンズ仕様）

とにかくかっこいい Mk-Ⅱを作る、というコンセプトのもとに仕上げた作品。塗装も青ではない黒いガンダムを再現するべく、何色もの黒を調色した。もちろん、プロポーションが大きく修正されているのもわかるだろう。

HEAD

頭部は前後に延長することにより、バイザーが大きく下へと下がっている。そのおかげで眼やバイザーをいじらずに、鋭い眼つきを再現することに成功。

BODY

目につく装甲のほとんどに、細かなモールドを追加。また腹部のパーツは、モールドを追加しただけでなく、上下に一度分割して改修しているぞ。

FOOT

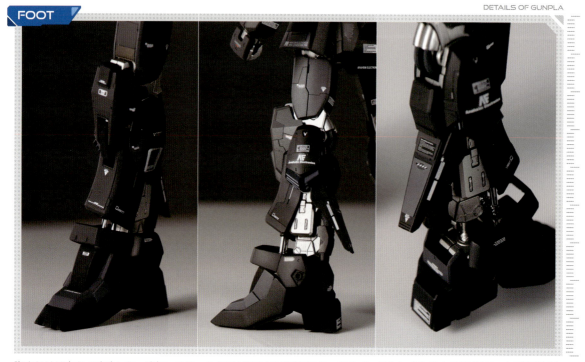

脚まわりは大きく改造した。追加したモールドはどれもいい感じにかっこよく、それに合わせた塗り分けにより情報量も大きく増しているのがわかるはずだ。特徴的な装甲のすき間から見える内部フレームにも手を加え、Mk-Ⅱのイメージを損なうことなくディティールアップに成功。またヒールを立てることによって、大幅に身長を高くしているぞ。

REAR

バックパックは大幅な改造はしていないが、モールドをていねいに追加。メタリックなシルバーに塗装されたバーニアが、黒いボディによく映えているだろ？

WAIST

胴まわりのパーツは一度上下で2分割していて、ここでも身長を高くする工夫をしている。またその下のスカート装甲も、延長している上にモールドを追加しているのだ。

LEG

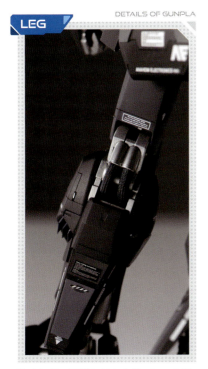

脚まわりの関節などの内部フレームは、この機体の特徴の1つでもあるので、ていねいな工作と塗装をほどこした。

SHOLDER

肩の装甲も大きく改修してみた。でもよく見ると、元キットの形状をうまく利用して、自分の理想のプロポーションへと変更していることがわかるはずだ。元キットと比べてみてほしい。

POSEING 1
スラリと伸びた身長が印象的なスマートスタイルのMk-Ⅱに仕上がった。そんなスタイルには、やはり立ちポーズがよく似合う。

POSEING 2
かなりスマートなスタイルへと生まれ変わったMk-Ⅱだが、見る角度を変えると、また違った力強い印象が出てくる。

POSEING 3

このMk-Ⅱは、スラリと細いスタイリッシュなだけではない。その中にはちゃんとモビルスーツのマッシブさも秘めているのだ。

COLOR RECIPE

▶装甲（黒）
GS-03 サーフェイサーエヴォブラック（ガイアノーツ）／
NC-002 フロストマットブラック（ガイアノーツ）／
AT-27 スチールブラック（ガイアノーツ）＋
ニュートラルグレーⅤ（5）（ガイアノーツ）／
ニュートラルグレーⅢ（3）（ガイアノーツ）＋
032 アルティメットブラック（ガイアノーツ）＋
NC-007 ジョイントグレー（ガイアノーツ）／
FG-05 インナーブラック（ガイアノーツ）＋
AT-27 スチールブラック（ガイアノーツ）／
AT-27 スチールブラック（ガイアノーツ）＋
VO-31 コールドホワイト（ガイアノーツ）
※暗い色順

▶装甲（赤）
プレミアムメタリックレッド（ガイアノーツ）

▶内部フレーム
プレミアムミラークローム（ガイアノーツ）

▶内部フレーム（金）
SM02 スーパーゴールド（Mr.カラースーパーメタリック）＋
NC-002 フロストマットブラック（ガイアノーツ）少量

PROLOGUE

エッジ（フチ・端）を丸くしてみよう

ガンダム Mk-II は、黒い「ティターンズ仕様」のほかに白い「エゥーゴ仕様」がある。黒を作ったんなら白も作らないと！　ということで、白い Mk-II も作るぞ！

PACKAGE

MG 1/100 RX-178 ガンダム Mk-II Ver.2.0（エゥーゴ仕様）

成形色の違いだけでティターンズ仕様と同じだが、ただこちらにはカタパルトをデザインしたディスプレイスタンドがついている。

使用アイテム / USED ITEMS

- ニッパー
- デザインナイフ
- 接着剤
- ヤスリ
- エアブラシ
- 各種塗料
- 各種デカール
- Mr.マークセッター
- トップコート（つや有り）

作業工程 / WORKING PROCESS

1. 装甲のエッジ落とし（数日）
2. 塗装（5～6時間／乾燥各色2～3時間）
3. 組み立て（3時間）
4. デカール貼り（3～4時間）
5. トップコート（2時間／乾燥1日以上）

BEFORE

AFTER

RX-178 GUNDAM Mk-II

LESSON 4-4

紙ヤスリでエッジを落とす

ティターンズ仕様とはまったく違うかっこよさを考え、エゥーゴ仕様は逆にエッジを取って、丸みのある流線形のような装甲を目指してみた。デカールも派手に貼って、美しいMk-IIに仕上げるぞ！

◆ エッジを落としデカールを大胆にほどこす

1

素組みのエゥーゴ仕様
Mk-IIは、もちろん素組みの状態でも十分かっこいい。ティターンズ仕様との違いはプラスチックの成型色のみで、造りも基本的にはまったく同じものと考えていい。

ADVICE
ティターンズ仕様の時みたいに、エッジがピンピンなのもかっこいいけど、逆にエッジを落として、ツュルン仕上げにするのもおもしろくない!?

2

パーツのエッジ確認
ガンダムMk-IIは丸みのあるボディではなく、意外と角ばっている。並べて装甲を見ていくと、ほとんどのものにエッジが存在するのがわかるだろう。

3

紙ヤスリでエッジを落とす
装甲のエッジを、紙ヤスリでていねいに落としていく。雑に行うと、仕上がりに大きく差が出てしまうぞ。紙ヤスリは400番か600番。

4 肩

肩の複数あるエッジのほとんどを落として、丸みのあるフォルムに仕上げている。

5 腕

腕のエッジも落として、丸みを出している。左右のバランスが崩れないように注意したい。

6 胸から腰

胸から腹もすべてエッジを落とした。また、腰まわりやスカート装甲のエッジも、きれいに落とした。

7 デカール貼りのポイント

かっこいい特徴的なデカールなので、たくさん貼りたいところだが、そこはバランス優先。目立たせたいところに自然と目がいくように配置した。

8 クリアーコート

美しい光沢を出すために、ガイアノーツの「Ex-クリアー」を5～6回吹いた。デカールの段差がかなり消えているのがわかるだろう。

9 素組みとの比較

白く美しいMk-Ⅱが完成。今回はプロポーションはいっさい変更していない。エッジを落としてデカールを貼るだけで、ここまで印象が違うMk-Ⅱになる。

ADVICE

エッジを落として丸みをもたせ、大胆にデカールを貼って遊んでみたぞ。好みが分かれる改造だけど、自分が気に入ったら勝ち！

LESSON 4 最高にかっこいいガンダムMk-Ⅱを作る！

COMPLETION

RX-178 GUNDAM Mk-II

FACE

▶ MG 1/100 RX-178 ガンダム Mk-Ⅱ Ver.2.0（エゥーゴ仕様）

黒いMk-Ⅱとはまったく異なるコンセプトで作った。黒の鋭さとは逆にエッジをとことん落とした丸みのあるフォルムが特徴。さらに全身にほどこされたデカールが、白い流線形のボディに相まって、美しくもある作品に仕上がっているはずだ。

BODY

DETAILS OF GUNPLA

FRONT

BACK

プロポーション変更や装甲などの大幅な改造などは、いっさい行っていない。しかし白い装甲のエッジというエッジ、角という角をこれでもかと落として、美しい流線形のボディを生み出している。塗装も白いボディに合わせたブルーをアクセントにし、関節部はゴールド調仕上げ。そして全身に大胆にほどこされたデカールを際立たせているのは、光沢クリアー仕上げだ。

デカールを対角線で分けるのもおもしろいアイデアでしょ！

FOOT

白いMk-Ⅱではプロポーションの変更は行っていない。ベースのデザインや内部構造などは、基本的に元キットのままである。ただし装甲のエッジはほとんど落としていて、丸みのある美しいフォルムになっているはずだ。

BODY

胸まわりやコクピットハッチなど、目立つ部分のエッジもすべて落とした。ベースの形はまったくいじっていないのに、エッジを落としただけでここまで印象は変わるのだ。

REAR

ほとんどのエッジを落としているが、それはあくまでも装甲に限ったこと。このバックパックは装甲ではないので、機能的に考えてもエッジは落としていない。

POSEING 1　流れるような流線形ボディと美しい光沢塗装は、カーモデルのように見えないか？

POSEING 2　美しいボディに身を包んでいるからといって、弱いわけではない。モビルスーツである以上、兵器としての強さは失ってはいないのだ。

COLOR RECIPE

▶装甲
NC-001 スチールホワイト（ガイアノーツ）70%＋031 アルティメットホワイト（ガイアノーツ）30%

▶額・コクピットハッチ
GX5 スージーブルー（Mr.カラー GX）50%＋GP-05 ウルトラマリンブルー（ガイアノーツ）50%

▶装甲（青）
AVC05 ブリビアスブルー（Mr.カラー）50%＋C322 フタロシアニンブルー（Mr.カラー）50%

▶装甲（黒）
032 アルティメットブラック（ガイアノーツ）

▶内部フレーム
SM02 スーパーゴールド（Mr.カラースーパーメタリック）

TETSUO SATO × KATSUMI KAWAGUCHI スペシャル対談 ④

「ガンプラはすごい!!」

ガンプラがモテるアイテムになってほしい！

編集 佐藤さんはお笑い番組に作品を出したりしていますよね。

佐藤 ちょいちょいですけどね。

川口 普段生活していて、プラモデルという物なり言葉なりに接する機会はほとんどないですよね。それが、どこか普通に生活している中に普通にあるものという風になってもらいたいです。そういう意味では、テレビなどで実際こんな人たちが作っているんだ、と知ってもらいたいですよね。

佐藤 インテリアの1つにも、もっとなったらいいのになって思いますね。たとえば20代ぐらいの若い男の子が、けっこうモテる部屋にしようとするじゃないですか（笑）。ちょっと昔の看板とか飾ってみたり、なんか訳わかんない外国のナンバープレート飾ってみたり。その中にガンプラもきて欲しいんですよ。それがかっこいいって。でもそれが飾ってあることがかっこいいってなるのは、自然とは起きないと思うんですよ。誰かがやって、「あっ、それがかっこいいんだ！」って発信して、それを見た人たちがマネしてやって。で、若い女の子たちも、すごいかっこいいガンプラ飾ってあるねってなるような感じ。だいたい男って、モテるってなると、メチャクチャやりますからね（笑）

川口 けっこう大事なポイントですよね。

佐藤 そうですよね。中学・高校でバンドやってる人って、音楽好きよりも女好きなのが多いですから（笑）。モテたいってパワーは大きいと思うんですよ。だから、ガンプラがもっとモテるアイテムになってもいいなぁっていうのはあるんですよね。そういう意味では、ガンダムっていうイメージからもう少しはみ出てもいいのかなって。たぶん海外の人からしたら、おしゃれな造形物に映っていると思うんです。でも日本人は子どもの見るアニメだっていうイメージが凝り固まってしまって、こんなメカメカしたのかっこいいじゃないというよりも、「ガンダムなんでしょ」っていうのが先に来ちゃう。もう時代的に

そういうのは取っ払って、カッコイイ造形物としてガンプラを楽しんでいけたらなぁと思います。

川口　ですねぇ。

知識は実践することに意味がある！

佐藤　サビを入れるだけでもかっこいいですもんね。あと、汚しとか。

川口　知らない人が見たら「え？　これどうやってんの？」となるようなね。

佐藤　自分でなかなか作れないってところがあると思うんです。でも今のプラモのマテリアルって、ものすごく進化してるじゃないですか。だからちょっとやるだけで、一気にかっこいいのができちゃうんですよね。プロモデラーさんがやるようなものはできないけど、ちょっと飾るとかっこいいなぁっていうぐらいのものなら、「自分は不器用」っていう人でもできると思うんですよ。うちの副部長やってる、Q太郎なんて不器用ですよ（笑）

川口　そうなんですか？（笑）

佐藤　コーラを飲んでゲップも我慢できないような男なんですから。

川口　（笑）

佐藤　手先を見て、「あっ、この人はもともと器用じゃないな」って。ぼくもものすごく器用ってわけじゃないんですが、はじめてQ太郎を見た時、「わぁ～不器っちょだ」って思っていたんですけど、やっぱり上手になるんですよ。もう知識だけで、この色を使えばサビっぽくなるって知っちゃえば、手を動かす作業はそんなに難しくはないんで。

川口　知識や情報なんていっぱいあるじゃないです

か。あとはやるだけなんですよね。やってみると、「あっ、できるじゃん」という。

編集　エアブラシも使えばラクですよね。

川口　そうですよね。エアブラシは初期投資の問題もありますが。

佐藤　でも、エアブラシも安くなりましたよ。

川口　なりましたねぇ。

佐藤　マーカーのものもすごいですよ。あのガンダムマーカーのエアブラシを使って、自分の中のガンダムマーカーの評価が上がりました。ガンダムマーカーって、こんなに隠ぺい力が高かったんだ、と。黒の上からこんなに黄色が発色するんだ、みたいな。ガンダムマーカーそのものがすごいなって再認識しました。

P100 「スペシャル対談5」につづく

HOW TO MAKE GUNPLA
LESSON 5

パッケージイラストを再現する!

使用キット
MG 1/100 AMS-119 ギラ・ドーガ

PROLOGUE

ギラ・ドーガで箱絵を再現する

LESSON1〜4ではある意味、正攻法の作品を紹介してきたが、ここでは少し変わった仕上がりを目指すぞ。それは、ガンプラパッケージイラストの再現だ！

使用アイテム USED ITEMS

- ニッパー
- ヤスリ
- デザインナイフ
- エアブラシ
- 接着剤
- 各種塗料

▶ 作業工程 WORKING PROCESS

① 組み立て (4〜5時間)

② 箱絵とキットの検討 (気が済むまで)

③ 塗装 (1〜2時間)

④ 箱絵との確認 (数十分)

⑤ ３と４を数十回繰り返す

PACKAGE

MG 1/100 AMS-119 ギラ・ドーガ

ザクの流れをくむ量産機ではあるが、重装甲の大型モビルスーツでもある。その迫力ある重量感はMGスケールならではの再現度で、製作にも完成品にも大満足なキットといえる。

AFTER

LESSON 5-1

箱絵のように塗装する

ガンプラのパッケージはどれもかっこいいものばかり。できればこんなふうにキットを仕上げてみたいもの。いや、いっそパッケージイラストみたいにキットを塗ってしまえばいいんじゃない？ ということで、イラスト塗装に挑戦してみた。

◆ 塗装によるパッケージイラストの再現

1

パッケージイラスト

ガンプラのパッケージイラストはどれもかっこいいものばかり。このギラ・ドーガのイラストも、戦闘中の迫力あるシーンをかっこよく再現している。このイラストをどのようにキットで再現するのかがポイント。

2

パッケージをよく確認する

パッケージイラストの再現なので、とにかくパッケージをよく見ることが肝心だ。どの部分がポイントになるか、よくイラストを見て検討したい。立体と印象が違うので、イメージするのが難しいところでもある。

3

パッケージとキットを検討する

イラストとキットはまさに別物だ。あらかじめキットを組んでおけば、検討がしやすくなる。イラストと実際のキットの立体を何度も見比べて、イメージをふくらませて行こう。

ADVICE
完成図をイメージするのも大事！どうしてもイメージがわかない時は、いったん本業の仕事をする。働かないと、食べていけないぞ！

4 エアブラシ塗装

イラストの再現ということで、塗装は筆を使うイメージだが、今回はほとんどの塗装をエアブラシで行った。ただ一気に吹くのではなく、少しずつ細かく吹いていく。

ADVICE
最初は、機体の基本塗装をすべてしてからイラスト再現の塗装に取りかかったが、なんかうまくいかなかった。失敗を乗り越える度に、その作品への愛着が増すぞ！ どんどん失敗しよう！

5 頭部のパッケージイラスト

頭部のパッケージイラストをよく見ると、光源が向かって右側からきていることがわかる。これをキットに再現するべく、どう光が当たっているのか観察、検討する。

6 頭部の塗装

頭部の左側から光源がきているので、頭部の左側を重点的に明るく塗装していく。イエローやオレンジから始まり、最終的には白に近いハイライトで仕上げている。

7 右側頭部

写真は反対側の右側頭部。左側面と違い、右側面は真逆の暗い仕上がりとなっている。これによりメリハリができ、より左側の明るさが際立つ。

ADVICE
頭部の左右で違う塗装、という普通のガンプラ塗装で考えれば、かなりおかしなことになっている。途中、不安になるけど、耐えるんだ！

次のページへつづく

LESSON 5 パッケージイラストを再現する！

8

シールドのイラスト

シールドの裏側には、ロケットランチャーであるシュツルム・ファウストが4基装備されている。イラストでは、その1つが発射され、それが光源となっているのだ。

9

シールドの裏側

シールド裏の発射され出しているシュツルム・ファウストを塗装で再現。今回のパッケージイラストでいちばん明るい場所になるため、大きく明るい色で塗装した。

10

肩のイラスト

ギラ・ドーガの肩装甲には特徴的な角がある。特に左肩はシールドの光源に近いということもあり、かなり大きく影響を受けているので、その角の処理が重要になる。

11

肩装甲の塗装

肩の部分もメリハリのある明暗塗装をほどこしてある。特に目立つ角部分にはハイライトが集中しており、裏側を暗く塗装することでよりイラストっぽい仕上がりとなる。

12

胸まわりのパッケージイラスト

胸まわりから腰のパイプにも、光が当たっている。腕も光源から近いので、ハイライトが入っている。

13

胸から腰のパイプの塗装

胸からパイプにかけても、光源である左側だけを明るく塗装。パイプの塗装ハゲには気をつけよう。

14

左腕の塗装

左腕は光源であるシールドが取りつけられているので、かなり明るく塗装した。

15 右腕の塗装
左腕と逆の右腕は光源から遠いので、真っ黒に近い暗い色で塗装した。宇宙空間ということもあるため、明暗がハッキリと描かれているのが特徴だ。

部長ポイント
パッケージイラストと塗装中キットの比較

この塗装は、パッケージを確認し、微調整をくり返す！ 奥さんやお母さんに「箱は捨てないで」といっておこう！

16 脚まわりのパッケージイラスト
脚まわりも、やはり光源に近い左脚が明るく、ハイライトの強い着色となっているのがわかる。

17 左モモの塗装
太モモも左側面を明るく塗装した。逆の内側や右脚には、暗い塗装をほどこしている。

18 スネまわりの塗装
スネまわりには、光源の影響がはっきりと出ている。いちばん明るいハイライト部分は、白に近い感じだ。

19 エアブラシで微調整
常にパッケージイラストを確認しつつ、エアブラシを細吹きにして微調整をしていく感じで、色をのせていこう。ハイライトも筆ではなく、エアブラシでのせていった。

ADVICE
パッケージイラスト通りの塗装でいちばんやっかいなのは「イラストでは見えない部分」だ！ そこは…何となくだ！

COMPLETION

▶MG 1/100 AMS-119 ギラ・ドーガ

ガンプラのパッケージイラストは、どれもすばらしいでき栄えだ。ギラ・ドーガのものは戦闘中の大迫力なイラストとなっている。そんなパッケージイラストをそのままキットに再現したのがこの作品。意欲作といえるだろう？

FACE

BODY

パッケージイラストでは光源が機体の左側からきている。となると、軸になる胴体部分の塗装もそれを意識し、左側を明るく右側を暗く塗装した。

FOOT

脚もやはり光源に合わせて左側を明るく塗装。さらに右奥の位置にくる右脚は、脚全体が左脚よりも暗く塗装しなければならない。

SHILD

シールドの裏に4基装備されているシュツルム・ファウスト。この武器の発射による噴射が、今回の光源のメインとなっているのがわかるだろうか。

HEAD

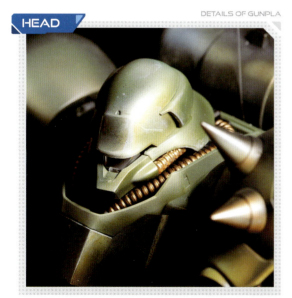

やはり今回のようなコンセプトの作品でも、顔は重要なポイントとなる。他の部位と同様に光源は左から強く当たっている。その演出を塗装で再現してみた。

SHOLDER

今回の光源のメリハリがいちばんハッキリとわかるのは、この肩部分かもしれない。光源の噴射にも近いため、少し赤みがかった感じの色合いの塗装にしてみた。

POSEING 1 パッケージイラストは、CGといってもウェザリングまで描かれているので、それを再現するのに苦労させられました！

POSEING 2

パーツごとではなく、パーツの面ごとに色が違うため、普通の塗装と違っていっぺんに塗れず、その都度、調色するのが大変でした。

作例「ガンダムMk-Ⅱ」の評価

TETSUO SATO × KATSUMI KAWAGUCHI スペシャル対談

ガンダムMk-Ⅱ、川口名人の評価は?

編集 では、川口名人に本書で佐藤さんが作ったガンダムMk-Ⅱの感想をいただけますか?

川口 模型が好きな人は、Mk-Ⅱの黒を見て「わぁ、スゲェー!」となると思います。白のMk-Ⅱのデカールの使い方とかを見てもらえれば、カッコイイものを作るっていう、すごくよいサンプルになるんじゃないかなと。好きな方向と見せる方向っていうのがはっきりわかるので、それがこの本でドンッと見られるのは、すばらしいことだと思います。で、プロポーションは、本当に違っているというのがパッと見でわかるので、そこのところはすごい細かいところまで手が入れられているなぁと。つや消しってけっこう難しいんですよね。デカールなども含めて下処理をしっかりとして最終的につや消し、というようにしていかないと、なんかボヤッとしたりするんですよ。そういう意味では、きちんと形が出ている。つや消しで仕上げられた黒いガンダム、個人的にはすごい好きです。

佐藤 わぁ〜、嬉しいです!

川口 そんな感じなのに、ノズルまわりとかのアクセントで光り物などが入っているのはすごく目を引きますよね。これはやはり使い方をよくわかっていらっしゃるというと失礼なんですけど、うまいなぁ

という感じですよね。

佐藤 ありがとうございます。これは子どもの時からの引っ掛かりがきっかけで、いつか作りたかったガンダムなんですよ。Mk-Ⅱが最初、黒いガンダムっていって出てきて、ぼくには青にしか見えなかったんです(笑)。だから黒が作りたかったんです。

川口 すごくわかります。

佐藤 ただ、黒っておもしろくなくなっちゃうんですよね。ほんとに黒ってバッとまとめたらメカとしておもしろくないというか。

川口 立体物の場合、単色の黒がドーンとなると、何かただの固まりになりますよね。そういう意味では、グレーとかがアクセントで入っているのは、すごくよいと思うんですよ。この間、ユニコーンガンダム2号機バンシィ・ノルンを少しいじってみよう

かなと思った時、黒にしたいけど全面が黒になるのは嫌だなぁと。ツヤを変えたりしてアクセントをつけていかないと、これはサマにならないと思ったんですよ。だからこのMk-Ⅱはすごくよい黒ですよね。

佐藤 わぁ～、ありがとうございます！ すごくよい黒、いただきました（笑）。あぁ～、作ってよかったぁ～！ 黒にこだわったんで。色んな黒を集めて、いろいろ試し吹きして。たぶん試し吹きは20種類ぐらいの黒を吹きました。で、そのうちから6色ぐらいに絞り込んで使っています。最初はもっと色数があったんですけど、塗り分けすぎてデジタル迷彩みたいになっちゃって（笑）。増やせばいいもんじゃないですよね。

川口 バランスですよね。

佐藤 引き算、難しいですよね。

川口 難しいです、難しいです。

佐藤 白のMk-Ⅱはかわいいデカールを見つけたんで、楽しく作りました。

川口 だから印象として、かっこいいという風に見えると思うんですよ。こうズドンッと気の利いたデカールが入っていると、すごいインパクトがあってよくなりますよね。

佐藤 ありがとうございます。いやぁ、嬉しいです。名人にかっこいいねっていわれるのは、やっぱりグッとくるものがあるんですよ。たとえば、M-1グランプリでダウンタウンの松本さんとかにほめられるっていうのと同じことなんですよ、名人にほめられるっていうのは。

川口 さっきMk-Ⅱを箱から出してセッティングされているのが、もうすごく楽しそうでしたから。「わ、すごいな、ここもいじってるんだ」と思いながら見ていて。なかなかセッティングしているところを見ることってないですよね。

佐藤 ああ、そうですよねぇ。

川口 いちばんよい状態で出しているのを拝見する、というのはよくあるのですけど。自分が作っていないものは、やっぱりバラせないですから。実際に作られた方がセッティングしているところを見ると「あそこ、やっぱりああやってるなぁ」というのがすごくわかるので、おもしろいですよね。

佐藤 ちょっとジーンとなっちゃいますね。作ってよかった。ほんと作ってよかった。がんばってよかった！

川口 いやいや、本当にすばらしいです。

編集 今後もぜひガンプラを作り続けてください。お二人とも今日はありがとうございました。

二人 ありがとうございました。

TOOL CATALOG
ツールカタログ

部長式 ガンプラ製作

模型の道具、ツールといわれる物は昔に比べて、ものすごい数の物が発売されている。
自分もかなりの数のツールを使っているが、今回はその一部をご紹介。
人によって合う、合わないはあると思うので、あくまでも参考までにしてもらえれば幸い！

1

アルティメットニッパー（ゴッドハンド）
ゲートカットに特化して「究極の切り口」を追求した切れ味抜群のニッパー。パーツの白化もおさえられ、切り口はナイフで切ったようだ。

2

薄刃ニッパー（タミヤ）
精密ニッパーの刃先をより細く、薄く、シャープにした薄刃のニッパー。細かなパーツも切り出しやすくコストパフォーマンスにも優れた逸品。

3

DS-800P（NTカッター）
持ち手が丈夫なアルミ削り出しでできている、替え刃式のデザインナイフ。適度な重量で取り回しもしやすく、細かな作業に向いている。

4

ピンセット（ホーザン）
軽く丈夫なステンレス製のピンセット。各種多様なピンセットを作っているメーカーのものだけに、パーツの保持力などは申し分ない。

5
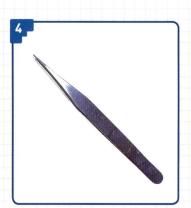
パーツオープナー（ウェーブ）
すき間にも入れやすいシャープな刃先と、力がなくてもパーツを開きやすいグリップが特徴。ガンプラなどのスナップフィットには強い味方だ。

6

HGステンレスT定規（ウェーブ）
取り回しのよい小型サイズのため、模型工作に適している。またステンレス製のためナイフを使用しても本体が切れてしまうこともない。

7

BMC タガネ（スジボリ堂）

刃先がタングステン鋼でできたタガネ。スジ彫りのために調整された刃先により、美しいモールドを彫ることができる。幅も多種あり。

8

マスキングシート（ベルテックス）

本来はカットして塗装などのマスキングに使用するシート状のシール。著者はこれをスジ彫りの際に使うガイドテープとして使用している。

9

ディバイダー（DRAPAS）

製図やデザイン用のツールを作成しているメーカーなので、正確性や使いやすさはすばらしい。著者はスジ彫りの道具としても活用している。

10

シャインブレード（シモムラアレック）

ヤスリの目が特殊なため、目詰まりがしにくい構造になっている。軽くて使いやすく、ヤスった面は紙ヤスリの仕上げがいらないこともある。

11
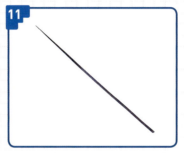

微美鬼斬（スジボリ堂）

鋭い目を持つ金ヤスリ。削るのではなく切るというだけあり、その切れ味は流石。形状も丸だけでなく、三角や四角などいろいろある。

12
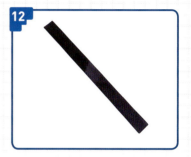

スキヤキヤスリ（ダディズポケット）

特別な目立てにより切削性に優れた金ヤスリ。とてもよく削れるため、美しい切削面に仕上がり、紙ヤスリで仕上げる手間が減るほどだ。

13

神ヤス！（ゴッドハンド）

布ヤスリとスポンジを融合させたヤスリ。そのため耐久性に優れたスポンジヤスリとなっている。もちろん番手も各種そろっている。

14

フィニッシングペーパー（タミヤ）

模型で紙ヤスリといえば、このタミヤの紙ヤスリといわれるほどの大定番アイテム。水をつけての水砥ぎにも使える優れもの。

15

ヤスリスティック（ウェーブ）

スティック状の芯の両面に紙ヤスリが貼りつけられたアイテム。芯の部分がソフトとハードのものがあり、用途に合わせて選ぶとよい。

16
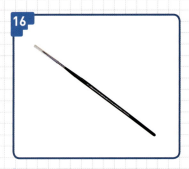
水彩用筆（ウィンザー＆ニュートン）
毛先のまとまりもよく、塗料の含みもすばらしい使い勝手のよい筆。ミリタリーフィギュアなどの細かい塗装をする人たちも多く愛用している。

17

万年塗料皿（万年社）
昔から模型の塗料皿といえばこの万年皿といわれる定番アイテム。値段も安いので、手軽にいくつも使用できるのも嬉しい。

18

綿ぼう
模型製作にとって綿ぼうは欠かせないアイテムだ。今では模型用に作られた先の細いものなども各社から発売されているほどだ。

19
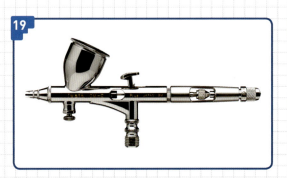
CM-CP2（アネスト岩田）
一般的なものよりもノズル口径が0.23ミリと細くなっているハンドピース。そのため繊細な細い線やグラデーション、また細かな塗装に向いている。

20

プロコンBOY LWA ダブルアクション（GSI クレオス）
ノズル口径が0.5ミリと広いハンドピース。広い面積の塗装だけでなく、メタル系塗料やサーフェイサーなどの大量に塗装するものにも向いている。

21

Mr. リニアコンプレッサー L5（GSI クレオス）
リニア駆動フリーピストン方式により、振動が少なく静かな駆動音のため、深夜の作業にも支障がない。小型なため設置場所にも困らない逸品。

22

Mr. スーパーブース コンパクト（GSI クレオス）
塗装で問題になる換気と塗料の飛散を解決してくれるのが、この塗装ブース。この商品はコンパクトでありながら吸引力があり、換気フィルターも備えている。

OUTING SET
お出掛けセット

仕事柄、何かと地方などへ行くことが多い。でも、そんな時でも模型は作りたい！
なので、いつもお出掛けセットを持ち歩いているよ。
これらを使って、ホテルだけでなく移動中の新幹線内でも作業するのだ！

ライト付ルーペ
細かな作業に助かるのがこのルーペ。特に出先では明るさの確保に苦労するので、ライト付きは必須となる。

瞬間接着剤×3G 高強度（ウェーブ）
使い切りできるように、3本セットと小分けになっているのが嬉しい。高強度は通常の2倍の強さになる。

瞬間接着剤用ノズル
少し使わず間を空けてしまうと、どうしても瞬間接着剤はかたまってしまう。そのためノズルはたくさんほしい。

お出掛けセットリスト

- ニッパー（タミヤ）
- シャインブレード
- 紙ヤスリ（タミヤ）
- 神ヤス
- スティックヤスリ
- マスキングシート
- デザインナイフ
- 筆
- 万年皿
- パーツオープナー

旅先でもガンプラを作ろうぜ！

部長式 ガンプラ製作 用語集

ガンプラ製作に役立つ専門用語、ガンプラにまつわる名称などを集めてみたぞ。
ガンプラ製作仲間と話をする時にも役立つこと間違いなし。ぜひ、覚えてくれ！

`テクニック` `用語` `ツール` `アイテム` =ジャンル分け　`類` =類似用語

あ行

あとハメ加工（あとはめかこう） `テクニック`
組み立て説明書（マニュアル）通りに行うと取り外せなくなってしまうパーツや、接着をすると塗装時に色が塗りにくくなってしまう部分を、後からはめ込めるようにするテクニック。

雨だれ（あまだれ） `テクニック`
ウェザリング（汚し塗装）用語。雨によるサビやホコリが流れた様子を、エナメル系塗料などで描き込んで演出するウェザリングテクニック。

合わせ目（あわせめ） `用語`
パーツを組み合わせた時にできる、接合部分の線。「継ぎ目（つぎめ）」ともいうぞ。

合わせ目消し（あわせめけし） `テクニック`
パーツの接合部分を接着し、パーツの分割線を紙ヤスリなどで削って消す作業。別名「継ぎ目消し（つぎめけし）」。すき間や段差がある時は、パテで埋めることもある。

隠ぺい力（いんぺいりょく） `用語`
塗料が下地の色を覆い隠す力。黒やグレーなどの暗い色ほど覆い隠す力が高く、白や黄などの明るい色ほど力が低くなり、下地の色が透けたり影響を受けやすくなる。

ウェザリング `テクニック`
「weather（天候）」が語源。風雨にさらされて汚れたり、使い古された雰囲気を塗装によって意図的に演出したりすること。「汚し塗装」ともいう。

ウォッシング `テクニック`
ウェザリング（汚し塗装）用語。砂やホコリがついた様子や退色などの「汚れのフィルター」を意図的に表現する、ウェザリングテクニック。薄めた塗料で洗うように塗装することから「ウォッシング」と呼ぶんだ。

うがい `用語`
エアブラシのカップ内に空気を逆流させて泡立てること。カップ内の塗料を混ぜる時や、掃除の時に行う。メタリックカラーやパールカラーなどで塗装する時は、粒子が沈殿しやすいので頻繁に行うといいぞ。

うすめ液（うすめえき）
`類` 有機溶剤（ゆうきようざい） `ツール`
「溶剤」「シンナー」。塗料に加えて濃度を調節したり、筆やエアブラシなどの洗浄に使う。必ず専用の溶剤を使用すること！

ABS樹脂（えーびーえすじゅし） `用語`
プラスチックの素材の一種。ガンプラでは関節部分のパーツや内部フレームなどに使われている。ラッカー系のうすめ液、エナメルシンナーなどの溶剤で、ヒビが入ったり割れてしまうことがあるので注意。

エア圧（えああつ） `用語`
エアブラシ塗装の際にコンプレッサーやエア缶から送られる、圧縮された空気の圧力。塗装しやすい状態にして塗装を行う。レギュレーターの圧力計の表記は「MPa（メガパスカル）」。

エアブラシ `ツール`
吹きつけ塗装を行うための塗装ツール。コンプレッサーなどに接続し、ボタン操作によってエア量と塗装量をコントロールし、霧状の塗料を噴出させて塗装する。繊細な吹きつけ、塗料を自由に選べるなど、メリットは多い。缶スプレーなどと比べると高価なものだが、塗装表現の幅がグンと広がるぞ。

エナメル系塗料
（えなめるけいとりょう） `ツール`
乾燥が遅く塗料の伸びがいい、油性の模型用塗料。筆塗りに〇。発色がよく、ラッカー系塗料や水性塗料の上に塗っても溶け合わないため、塗料の重ね塗りやふき取りが可能だ。浸透性が高いので、プラスチックをもろくする性質があるので注意。

エポキシパテ `ツール`
略称エポパテ。エポキシ樹脂を主成分とし、使用時は2種類のパテを混ぜ化学反応で硬化させる。ラッカーパテと違い、ヒケが少なく硬化時間も早いのが特徴。

か行

ガイドテープ `ツール`
スジ彫りを行う際、パーツにガイドとなるために貼るテープ。適度な粘着力と厚みがあり、タガネでモールドを彫る際のガイドとなる。

かく拌（かくはん） `用語`
かき混ぜること、かき回すこと。

カブリ `用語`
エアブラシや缶スプレーの溶剤分が、空気中の水分の影響で揮発不良を起こし、白く曇ってしまう現象。雨の日や梅雨時など、湿度の高い状況下で起こりやすい。塗装作業は湿度の低い、晴れた日の昼間に行うのがおすすめ。

紙ヤスリ（かみやすり） `ツール`
研磨用の砂を貼りつけた紙状のヤスリ。「サンドペーパー」とも呼ばれる。パーツ表面のでこぼこをなめらかに削る作業を、「ヤスリがけ」「ペーパーがけ」というぞ。目の細かさは「番手」といい、番号が大きくなるほど、より目が細かくなる。耐水性のものは「耐水ペーパー」。

カラーチャート `用語`
塗装の色見本。ガンプラの組み立て説明書（マニュアル）に記載されている。色の名前と配合比率が表示されているため、調色を行う際の目安になる。「カラーガイド」ともいうぞ。

仮組み（かりぐみ） `テクニック`
塗装や改造のために、一度組み立ててみること。合わせ目を確認したり、塗り分けが必要なところを見つけておけば、作業計画が立てやすくなるぞ。

缶スプレー（かんすぷれー） [ツール]
吹きつけ塗装が手軽にできる、缶入りのスプレー塗料。広い面を均一に塗ることができ、ラッカー系、水性ともに色数も充実。

乾燥台（かんそうだい）
類 塗装用持ち手（とそうようもちて） [ツール]
塗装したパーツを乾燥させるための乾燥台。「ペイントステーション」などの専用アイテムもある。

ガンダムデカール
類 デカール [アイテム]
・マークや記号などが印刷された転写式のシールで、ガンプラに付属している。キットによっては水転写のシールも。

・別売りのガンプラ専用の水転写デカール。汎用性があるマークを集めたアイテムのほか、キット専用もあり。

カンナがけ [テクニック]
デザインナイフの刃をパーツに立てて、カンナのように削る技法。パーティングラインや合わせ目消しなどのほか、パーツを薄くする時にも。

ガンプラ [用語]
「ガンダムのプラモデル」の略称。アニメ作品『機動戦士ガンダム』シリーズに登場する「モビルスーツ」や「モビルアーマー」などを、プラスチックキット化した商品のこと。1980 年 7 月に発売。

クリアパーツ [用語]
透明のパーツ。クリアパーツは色つきの通常パーツとは違う素材が使われていて、通常パーツよりかたかったりやわらかかったりと少しクセがあるのが特徴。切り取り跡が白く曇ったり、欠けてしまうことがあるので注意。

ゲート [用語]
プラモデルのパーツとランナーをつなぐ細い部分。パーツを切り離す時、この部分にニッパーを入れる。「ゲート処理」とは、残ったゲートを削り取る作業のこと。

コーションマーク
類 マーキング [アイテム]
整備時にひと目でわかるように、飛行機や戦闘機などの機体に記されている注意書き。デカールなどに「Danger（危険）」「Warning（警告）」といった文字情報やメイクがデザインされていて、ガンプラをリアルに見せるための演出として使われる。

コート剤（こーとざい） [ツール]
塗料の一種で、コーティング剤。パーツに吹きつけることで、プラモデル表面のツヤを整える。ラッカー系「Mr. スーパークリアー」と「水性トップコート」があり、それぞれ「光沢・半光沢・つや消し」の 3 種類ある。「クリアー」「トップコート」ともいう。

コンパウンド [ツール]
研磨剤。ペーストや液状など、さまざまなタイプがある。塗装後のツヤ出しや、塗装面のホコリ取りなどに使う。クリアパーツの表面についた小さなキズを消したい時にもおすすめだ。

さ行

サーフェイサー [ツール]
塗装の下地材。略して「サフ」「プライマー」とも呼ばれる。通常は明るめのグレー色。サーフェイサーを塗装すると、パーツ表面のキズなどが発見しやすい。パーツ表面の細かいキズやへこみを埋める効果もあるぞ。

下地（したじ） [用語] [テクニック]
塗装する前の表面のこと。サーフェイサーを塗装したり、紙ヤスリで削ってパーツの表面をなめらかにする作業を「下地処理」、または「表面処理」というんだ。「下地塗装」とは、下地の色の影響を受けやすい黄色などを塗る前にまず白色を塗装して、目的の色の発色をよくするために行う塗装のこと。

シャドウ吹き（しゃどうぶき） [テクニック]
エアブラシテクニックの 1 つ。暗めの色をパーツのフチや奥まった部分に吹きつけて、影を演出することで立体感を強調させるんだ。

瞬間接着剤（しゅんかんせっちゃくざい） [ツール]
水分で化学反応を起こして硬化する、シアノアクリレート系接着剤の総称。硬化速度は非常に速く、文字通りすばやい接着が可能だ。ノリシロの少ないパーツや金属パーツの接着に役立つぞ。通称「瞬着（しゅんちゃく）」。

水性塗料（すいせいとりょう） [ツール]
水溶性アクリル樹脂塗料で、アクリル系塗料ともいう。ラッカー系、エナメル系の塗料に比べて、においがマイルドだ。

スケール感（すけーるかん） [用語]
1/144 や 1/100 など、縮尺された模型に、工作や塗装などのテクニックを使って精密さや質感を加えることで、小さな模型を大きくリアルに見せること。わざとオーバーに演出するのもあり。

スジ彫り（すじぼり） [用語] [テクニック]
パーツ表面の細かい線状の溝が、ヤスリがけや塗料などで埋まって消えないように、もしくは消えてしまった溝を復活させるために、ナイフやニードルなどで彫る作業のこと。

スナップフィット [用語]
部品を接着しなくても、パーツをはめ合わせるだけで固定できる方式のこと。「スナップフィットキット」とも呼ぶぞ。

スミ入れ（すみいれ） [テクニック]
パーツ表面のスジ彫りや溝に沿って、マーカーやエナメル塗料などで線を描き込み、立体感を強調する作業のこと。

成形色（せいけいしょく） [用語]
パーツ自体の色。ガンプラは、成形色でほとんどの色分けが再現された「いろプラ」となっているんだ。

た行

タガネ [ツール]
主にパーツにスジ彫りをほどこしたり、モールドの修正や加工に使うツール。

ダボ
類 スナップフィット [用語]
パーツをはめ合わせるための軸のこと。軸受けは「ダボ穴」と呼ぶんだ。

チッピング [テクニック]
細かな塗装のはがれを再現する、ウェザリングテクニックの 1 つ。銀色や黒鉄色などの金属色をマーカーや筆先で描き込むことにより、塗膜がはがれた状態を表現する。戦車や飛行機などのスケールモデルでよく見られる手法だ。

調色（ちょうしょく） [テクニック]
色を混ぜ合わせて目的の色を作ること。

ディテール
細かい部分をあらわす言葉。パーツ表面の細かいデザイン部分をさす時に使うぞ。

ディバイダー 〈ツール〉
コンパスのような形状のツール。コンパスと違うのは両端とも針であるということ。主に2点の距離を測る時などに使用されるが、著者はスジ彫りにも利用している。

デカール
類 ガンダムデカール 〈用語〉〈ツール〉
模型に貼りつける文字や図形のこと。フィルムの上から擦りつけて直接転写するものを「ドライデカール」、水にひたして台紙からはがして貼りつけるものを「水転写デカール」と呼ぶぞ。

テストピース 〈用語〉〈テクニック〉
色をテストする時に使う、プラ板など。調色した塗料を塗装し、色みを確認したりするんだ。

溶きパテ（ときぱて）〈ツール〉
ラッカーパテにうすめ液を加え、粘度を低く調節したもの。筆で塗りつけてキズやへこみを埋めるんだ。

塗装用持ち手（とそうようもちて）
類 乾燥台（かんそうだい）〈ツール〉
パーツに取りつけておく支えのこと。割りばしにクリップを取りつけて自作するのもいいぞ。

な行

二度切り（にどぎり）〈テクニック〉
パーツをランナーから切り取る時のテクニック。一度目はランナーからパーツを切り取り、二度目に残ったゲートを切り取る。これにより、パーツをえぐったり、白化させないできれいに切り取ることができるぞ。

は行

パーツ 〈用語〉
プラモデルを構成する部品。1つの板状の枠「ランナー」にいくつもパーツがある。

パーティングライン 〈用語〉
ガンプラの金型の合わせ目にできる、分割線や段差のこと。

パッケージ 〈用語〉
プラモデルが入っている箱。ガンプラの箱に描かれたイメージイラストを再現したのが、LESSON5のギラ・ドーガだ。

白化（はっか）〈用語〉
パーツをニッパーで切り取った時、ゲート跡が白くなってしまうこと。または、トップコートを吹いた時に白くなってしまうこと。

ヒケ 〈用語〉
パーツ成型時に表面にできてしまうくぼみのこと。

フラッグ 〈用語〉
ガンダムの頭のアンテナなど、先端がとがったパーツに安全に配慮して設けられた、余白の部分。

プラ板（ぷらばん）〈アイテム〉
プラスチックを板状にしたもの。厚みや色もいろいろある。プラスチックなので加工がしやすい。

プラモデル用接着剤（ぷらもでるようせっちゃくざい）〈ツール〉
文字通り、プラスチック用接着剤。スチロール樹脂を溶かす性質を持っている。ガンプラでは、合わせ目消しなどに使う。

ポリキャップ 〈用語〉
ポリエチレン素材の部品。間接などの可動する部分にはめ込む。説明書では「PC」。ちなみに、わが吉本プラモデル部のキャップも「ポリキャップ」というぞ。

ま行

マーカー 〈ツール〉
ペン型の塗装用具。ガンダムマーカーには塗装用のほか、スミ入れ用、ウェザリング用など、いろいろなバリエーションがあるぞ。

マーキング
類 コーションマーク 〈アイテム〉
模型に文字や数字、図案などのマークを加えること。ガンプラでは、付属しているデカールやシールなどで表現するんだ。

マスキング 〈テクニック〉
塗装面を覆い隠すこと。パーツを塗り分ける際、下地色を残したい部分に行う。直線なら紙製の「マスキングテープ」を使うのが便利だぞ。

水転写デカール
（みずてんしゃでかーる）〈アイテム〉
水にひたしてノリを溶かし、パーツに密着させるタイプのデカール。

メタリック塗装（めたりっくとそう）〈テクニック〉
メタリックカラーやパールカラーなどを塗装すること。金属の質感を表現できるぞ。

面相筆（めんそうふで）〈ツール〉
毛先を細く束ねた丸筆。細部の塗装に便利だ。

毛細管現象
（もうさいかんげんしょう）〈用語〉
液体が表面張力によってすき間に流れること。パーツの溝やスジ彫りに塗料が流れていく様子。この現象を利用して、スミ入れや流し込み接着剤で接着を行うんだ。

モールド 〈用語〉
模型ではスジ彫りやパーツ表面に刻み込まれている、いろいろな模様をさす時に使用。

や行

有機溶剤（ゆうきようざい）
類 うすめ液（うすめえき）〈ツール〉
塗料の希釈や洗浄などに使う有機化合物で、シンナーやうすめ液のこと。吸い込むと体に悪影響！ 使用する時は必ず換気を行い、マスク、手袋などを着用しよう。

吉本プラモデル部
（よしもとぷらもでるぶ）〈用語〉
プラモ好きのよしもと芸人たちにより結成された部。定期的にライブを開催し、動画配信も行っている。部長は著者であるパンクブーブーの佐藤哲夫。

ら行

ラッカー系塗料
（らっかーけいとりょう）〈ツール〉
速乾性で塗膜が強い合成樹脂塗料。揮発性が高く、使用中や乾燥時には必ず換気を！

ラッカーパテ 〈ツール〉
ラッカー系有機溶剤でできたペースト状のパテ。チューブ状なので手軽に扱えるが、乾燥には数日かかる。また乾燥後のヒケもあるため注意が必要。

ランナー 〈用語〉
パーツがたくさんついている棒状の枠。

レギュレーター 〈ツール〉
エアレギュレーターのことで、エアブラシとコンプレッサーの間に接続し、減圧・水抜き・分岐機能を備えている。

あとがき

ビックリしました！ 本当にガンプラの本、出しちゃいました!!

もちろん、私みたいな漫才師ごときが本職のプロモデラーの方々のような超絶作品を作れるはずもなく、ガンプラ製作の参考となるようなテクニックを披露することもできないということは自他ともに認めるところであります。

しかしながら！　私のような趣味モデラーだからこそわかる、ガンプラの楽しみ方もあるのではないか？　他の仕事のかたわら、趣味としてガンプラを楽しんでいる自分は、多くのガンプラファンの方々ともっとも近い目でガンプラに接しているのではないか？
それなら、そういう「趣味モデラーの本」を書いてみよう！　という思いから、本著の出版を決意いたしました!!

私がガンプラの魅力にとりつかれたのはまだ小学校に入学する前のこと。
当時は**空前のガンプラブーム**で、この時代に少年だった人は誰でも一度はガンプラを作ったことがあるんじゃないかなってぐらい、私たちの世代ではメジャーな遊びでした。

それから35年以上経ち、ガンプラはどんどん進化しました。スナップフィットで接着剤を使用せずとも組み上げることができて、多色成型で塗装しなくてもある程度の塗り分けがしてある。本当に遊びやすくなった！
しかしながら、「プラモデル」という言葉の持つイメージだけは、今でもまったく変わることなく、「難しい」「マニアック」「危険」。ガンプラってもっとラクな気持ちで簡単に遊んでいいんだよってことをより多くの人に知ってもらいたい！

この本が誰かにとってのそんなきっかけとなってもらえたならば、
「こんなに嬉しいことはない」
というアムロ・レイの言葉で返させていただきます。

最後にこの本を出版するにあたって、力を貸してくださった関係者の方々や応援してくださったファンの皆様、そしてすべてのモデラーと、長年私を夢中にさせてくれているガンプラそのものに心をこめてありがとうといわせていただきます！

ガンプラ、最高!!

吉本プラモデル部 部長
バンクブーブー **佐藤哲夫**

吉本プラモデル部
YOSHIMOTO PLASTICMODEL CLUB

吉本プラモデル部とは、我々が子ども時代によくいた"何の仕事をしているのかわからないけど、やたらプラモデルを作るのがうまくて、小学生のカリスマになっているオジサン"を目指すプラモデルを愛してやまない芸人たちの集いです。定期的にプラモデル部ライブを開催したり、プラモデル・模型・ジオラマ等の展示会やイベント等に積極的に参加するなど、モデラーの皆さんとの交流を深めています。

URL：yoshimoto-plamodel.com

部長のパンクブーブー佐藤哲夫です うちの部員を紹介します！

部員紹介

 鈴木Q太郎（ハイキングウォーキング）
 川谷修士（2丁拳銃）
 森木俊介（ラフ・コントロール）
 横山きよし（ものいい）

 若井おさむ
 中村英将（ゆったり感）
 ゆう太
 おもしろ佐藤（御茶ノ水男子）

 片倉ブリザード（なおよし）
 鈴木大輔（ホットケーキ）
 板垣 司（オルフェノク）
 アイバー

 ケン（水玉れっぷう隊）
 浦井のりひろ（男性ブランコ）
 ソドム

パンクブーブー
佐藤哲夫（さとう てつお）

1976年、大分生まれ。よしもとクリエイティブ・エージェンシー所属。2001年4月、黒瀬純とパンクブーブーを結成し、「オートバックス M-1グランプリ2009」優勝など。現在は「吉本プラモデル部」部長としても活躍中で、ガンプラビルダーズワールドカップ 2014年・2015年・2018年日本大会ファイナリスト、2016年日本大会準優勝など、実績を積み上げている。

[受賞歴(タレント)]
・「オートバックス M-1グランプリ2009」優勝
・「THE MANZAI2011」優勝

[受賞歴(ガンプラ)]
・ガンプラビルダーズワールドカップ 2014、2015、2018年日本大会ファイナリスト、2016年日本大会準優勝

デザイン	スタジオダンク（芝 智之、山岸 蒔、鎌田優樹）
撮　　影	市瀬真以
編集協力	安部三郎（ジャンピングフロッグ）
協　　力 (50音順)	アネスト岩田コーティングソリューションズ株式会社、株式会社GSIクレオス、株式会社スジボリ堂、株式会社BANDAI SPIRITS、株式会社よしもとクリエイティブ・エージェンシー

本書を無断で複写（コピー・スキャン・デジタル化等）することは、著作権法上認められた場合を除き、禁じられています。小社は、複写に係わる権利の管理につき委託を受けていますので、複写をされる場合は、必ず小社にご連絡ください。

012Hobby
とにかくかっこいい
ガンプラの作り方

2019年2月15日　発行		電　話：03-3260-4001(代)	
著　者：佐藤哲夫		ＦＡＸ：03-3260-4074	
発行者：今井　健		振　替：00140-7-1742	
発　行：株式会社大泉書店		印　刷：ラン印刷社	
住　所：〒162-0805 東京都新宿区矢来町27		製　本：明光社	

© Sato Tetsuo 2018 Printed in Japan
© 創通・サンライズ
© 創通・サンライズ・テレビ東京
URL　http://www.oizumishoten.co.jp/
ISBN 978-4-278-05389-0　C0076

落丁、乱丁本は小社にてお取替えいたします。
本書の内容についてのご質問は、ハガキまたはFAXにてお願いいたします。　R28